歴史文化ライブラリー

523

山寺立石寺

霊場の歴史と信仰

山口博之

吉川弘文館

目　次

霊場復興

霊場寺院の中世――プロローグ

霊場山寺立石寺

山形市と仙台市は東西に隣接する都市で、その間に奥羽山脈という地理的障壁があり、この山中に立石寺《りつしやくじ》はある。二つの都市をJR仙山線がうねうねと結び、最寄は山寺駅。ホームの北側に岩が屏風のように広がり、断崖絶壁、奇岩怪石の上に、堂宇がちょっと心配になるようなバランスで点在している（図1）。

宝珠山立石寺は、慈覚大師円仁《じかくだいしえんにん》が清和天皇の勅許を得て開いたという名高い霊場《れいじよう》寺院。立石寺あるいは単に山寺《やまでら》とも呼ばれる。昭和七年（一九三二）十二月九日に、国名勝史跡指定を受けた。理由に、貞観二年（八六〇）慈覚大師創建の古刹《こさつ》であり一相坊円海《いつそうぼうえんかい》が再興した。延暦寺不滅の法灯は、織田信長の焼き討ちののち立石寺から継ぎ、東北の比叡山と

図1　山寺芭蕉記念館より見た山寺立石寺遠景（仙山線鉄橋奥に根本中堂，左側に本坊，中央露岩が百丈岩，頂の右から納経堂・開山堂・五大堂，直下に入定窟）

して有名。凝灰岩の岩盤に建つ釈迦堂・開山堂、慈覚大師入定窟《にゅうじょうくつ》と（旧）国宝如法経所碑、根本中堂などが建ち並ぶ、奥深く静かな景勝地であることが記される。

本書では、立石寺が中世霊場として盛んであった期間を一期～四期に分け、前後を含みつつ中世考古学の視点で霊場に歴史を読んでみたい。なお、旧字は新字に改め表記しているのでご了解いただきたい。また、主に境内域は立石寺、地域は山寺と表記しておきたい。

芭蕉の訪れた霊場寺院

さて、読者の方々で立石寺境内を訪れた方はどのくらいいらっしゃるだろう。一歩足を踏み入れると、ここでは不思議な静寂に包まれる。俳聖松尾芭蕉も感じたらしい。芭蕉がここを訪れたのは元禄二年（一六八九）夏、奥の細道の旅の途中であった。今から三百年以上前の旅人は「山形領に立石寺と云山寺あり。慈覚大師の開基にて、殊清閑の地也。一見すべきよし、人々のすゝむるに依て、尾花沢よりとつて返し、其間七里ばかり也。日いまだ暮ず。梺の坊に宿かり置て、山上の堂にのぼる。岩に巖を重て山とし、松柏年旧土石老て苔滑に、岩上の院々扉を閉て物の音きこえず。岸をめぐり、岩を這て仏閣を拝し、佳景寂寞として心すみ行のみおぼゆ」と感じ、得たのが「閑さや岩にしみ入蝉の声」の名句である。

なぜ、芭蕉はこの地でセミの声が岩に染み込むような静けさを感じたのであろうか。絶景にして物の音が聞こえず寂寞の中にある空間。そう、芭蕉の感じた閑さは霊場への共感によって得られた境地ではあるまいか。ここに立石寺の本質がある。ちなみによほどこの閑さが気に入ったらしく、立石寺の項では「閑」の字を二回も使っている。芭蕉にとっての立石寺を表すキーワードであろう。

ここは真夏でも不思議な静寂に包まれる。そびえ立つ露岩に寄り添うように建ち並ぶ堂宇の数々、清和天皇宝塔、露岩に刻まれた一面の岩塔婆《いわとうば》、風穴《ふうけつ》（岩屋。凝灰岩の風化によりできた裂孔）に納められた小五輪塔、そしてたくさんの後生車《ごしょぐるま》。これらは参詣する人々に寄せられたものではない。供養者により、ここに寄り集う霊魂のために用意されたものなのである。ここは霊魂の帰る山と目されていた。あの世と此の世の境界、幽冥を分ける場所、霊場なのである。

人と会い、霊場と会う

私が霊場に関心を寄せたきっかけは、随分と劇的なものであった。平成二年（一九九〇）の九月ごろだったと思う、同じ天童市在住の川崎利夫先生（元東北中世考古学会会長）からお誘いを受けて呑みに出かけた。呑みながら、中世心性史という分野を開拓された、中野豈任氏の遺稿をまとめた『忘れられた霊場』を紹介していただいた（中野一九八八）。早速取り寄せて読んだところ、内容に衝撃（それも雷に打たれるような！）を受けた。この衝撃はうまくいい表せないが、まさに霊場と出会ったのである。

有名な話だが、村上春樹氏は昭和五十三年（一九七八）の四月に神宮球場で広島対ヤクルトの野球を見て、一回の裏にヤクルトに在団していたヒルトンが第一球を二塁打としたところで、「そうだ、僕にも小説が書けるかもしれない」と、思ったという。これはエピファニー「本質の突然の顕現」、あるいは「直感的な真実把握」というそうである（村上二〇一五）。私にとってのエピファニーが『忘れられた霊場』との出会いだった。そうか、中野さんの取り組まれた中世心性史の試みを敷衍《ふえん》すれば、霊場を切り口として地域の中世が描けるかもしれないと思ったのである。霊場の作用で新たな人生が啓示されたと思っている。霊場への興味関心は、このようにして始まった。

中世霊場とは

そもそも霊場とはどのようなものであろうか。

私は、中世霊場とは中世の人々を救済し信仰を集めた、神仏の霊験あらたかな土地、寺社・仏閣などの神聖な場であり、参拝・納経（経を現在・未来や追善供養のために寺社に納めること）・納骨（火葬した遺体の一部を寺社などに納めること）など、人々が宗教的行為を営むところと考えている。

この場所には信仰に基づく行為の結果、私たちが見ることのできる資（史）料が残された。信仰は無形であるが、霊場で信仰に使われた（であろう）資（史）料（土地を含む）は有形であり調査が可能である。逆説的ではあるがこの作業を通して、そこが中世霊場（寺社・仏閣、参拝・納経・納骨などの宗教行事が営まれた場所）であることを知ることができると考えている。

さらに、なぜ中世考古学研究の対象かといえば、霊場に残されるのは史料もあるが、資料（モノ）が圧倒的に多く、モノ（金属製品・経塚・石造物・庶民信仰資料など）は中世考古学の対象となるからである。中野豈任氏は、新潟県北部揚北《あがきた》をフィールドとし資（史）

料を総合化し、個別の資料（板碑・経塚・墓地など）の関連性を、霊場をキーワードに読み解いたのである。

地域の中世史を再構築する試み

これは地域の中世史を再構築する試みでもある。実は地域の中世史を描くことは難しい。歴史を語る史料がないからである。『山形県史』の古代中世史料集はたった二冊である。史料をもって歴史を語ることは困難であり、考古学資料やその他の資料をすべて活用しながら、解明を進めるしかない。逆に考えれば、モノ資料を総合化しつつ、個別の資料の関連性を広く読み解く作業は、地域の中世史を語るのに有効な方法論なのである。その対象として、さまざまな資（史）料の残る霊場は好適といえる。

さて、私が考古学を志したとき、先輩からいわれた一言がある。「文字が読めない者はスコップを持て！」。自分で掘り出す考古学資料は一次資料であり、自分が歴史を変える発見ができる。と、受け取ったが、単純に古文書が読めなかった。だが、中世霊場の考古学資料を分析するときには、史料の読み込みは不可欠である。考古学資料と同時代の史料が残されているのだから、逆にいえば活用しない手はない。本書でも「霊場を知る」「霊場を定める」「霊場に参り納める」の各章はこのような立場であり、霊場分析のためあらゆる資（史）料を活用している。最終章の「霊場復興」は史料に中心をおいて構成しているが、残されている史料が多いからであり、これも中世考古学の範囲なのだとご理解いただきたい。

川崎利夫先生から紹介していただいた、中野さんの霊場理解の立場とモノ資料の整理に学び、さらにその後の研究成果を盛り込みながら、中世霊場立石寺に歴史を読んでみたい。

霊場を知る

立石寺の概要

霊場立石寺《れいじょうりっしゃくじ》にとって重要な慈覚大師円仁《じかくだいしえんにん》について把握しておこう。『岩波日本史辞典』「円仁」の項は次のように記す。長文だが本書にとっては重要なので全文（表記一部調整）を掲載したい。なお、慈覚大師円仁・慈覚大師・円仁など同一人に複数の表記を使用する。個人としては円仁、霊場立石寺の信仰に関わる場面では慈覚大師・慈覚大師円仁と表されることが多い。煩雑だが本書でも複数の表記を使用する。

開創慈覚大師円仁

円仁【えんにん】七九四－八六四（延暦一三－貞観六・一・一四）九世紀の天台僧。入唐八家の一人。慈覚大師。俗姓は壬生公（みぶのきみ）氏。下野国都賀（つが）郡の出身。父は首麻呂（おびとまろ）。八〇二（延暦二一）九歳のとき兄秋主から経史を、大慈寺の僧広智から仏教を学ぶ。八〇八（大同三）広智に伴われて比叡山に登り、二一歳で得度。八三八（承和五）天台請益僧として入唐。当初、天台山国清寺か長安行きを希望したが許されず、唐からの帰国命令に反して留住を決意。遣唐船が登州（山東半島）に漂着したのを好機に、同地の新羅寺院である赤山法華院に留まり、五臺山を巡礼した。八四〇（唐開成五）長安に入り、大興善寺の元政から金剛界大法を、八四一（唐会昌一）青竜寺の義真から胎蔵界大法・蘇悉地大法を学ぶ。この頃功徳使を通じて帰国を申請していたが、いわゆる会昌の廃仏に遭遇し、還俗を命じられるなどの弾圧を受けた。八四七（承和一四）帰国。翌年内供奉十禅師に補任される。八五〇（嘉祥三）文徳天皇即位に際し、比叡山での総持院建立と熾盛光法の修法を奏請。八五四（斉衡一）第三代天台座主に勅任、天皇や貴族に灌頂・菩薩戒を授け、天台密教を確立した。八六六（貞観八）慈覚大師の謚号が贈られた。在唐中の記録に「入唐求法巡礼行記」、伝記に「慈覚大師伝」がある。

華麗な経歴である。東北の天台宗の要衝である立石寺の開山として、このうえない経歴の持ち主といえるだろう。

なお、立石寺開山は円仁、開祖は安慧《あんえ》（第四代天台座主）とする文書もある。『立石寺先年』（山形県一九三三）に「立石寺先住　開山慈覺大師円仁大和尚位　貞観六甲申正月十四日御入定年七十一（中略）開祖第四座主安慧大和尚位　貞観十年四月三日寂年七十四　阿覚尊者安然大和尚位　延喜十五年乙亥二月十九日入定」と記される。安慧は最澄と円仁の弟子にあたり、承和十一年（八四四）には出羽講師となり、出羽国内に天台宗を布教した。出羽国立石寺にまことに縁の深い人物である。続く阿覚大師安然《あかくだいしあんねん》は円仁の弟子で、天台密教の教理を確立した人物である。『山寺名勝志』の立石寺の歴代別当職の一覧には「開山慈覚大師　二世安然」とあり、安然が二世と数えられる。なお、安然大師入定窟《にゅうじょうくつ》が山形県の南部である高畠町時沢にある。大師森山の山頂にある岩窟に、古墳時代の石棺が納められ大師入定の場所と伝えられる。立石寺入定窟と共通する立地である。高畠町の史跡（名称「大師森石窟石棺」）となっている。

霊場の由緒を開く書籍

頻繁に参照したのは『山寺状』、『羽州山寺立石寺縁起』（国立国会図書館デジタルライブラリーで閲覧可能）。さらに岡千仭《おかせんじん》の明治三十四年（一九〇一）『山寺攬勝志《やまでららんしょうし》』、伊澤栄次（不忍）の明治四十一年『山寺名勝志』（国立国会図書館デジタルライブラリーで閲覧可能な版がいくつか存在）である。これらは編纂物であるが、立石寺理解の基本資料である。

岡千仞と伊澤栄次は、紹介しておきたい。岡千仞は仙台出身の漢学者であり、天保四年(一八三三)仙台藩士の子供として生まれた。江戸の昌平坂学問所に入寮、高杉晋作などと交流し尊王攘夷思想に傾倒した。維新後は西洋思想を吸収し私塾を開いた。明治初年には中国(清国)に一年間滞在、明治二十一年から一年をかけ日本国内を周遊(鹿児島・沖縄ほか)、大正三年(一九一四)八十二歳でこの世を去った(閻二〇一八)。『山寺攬勝志』は日本・中国に知識を得た近代の教養人の著作であった。序文に立石寺僧「壬生師」とあり、立石寺住職の壬生芳田師の尽力が知られ、高橋正夫と伊澤栄次の協力があった。明治に立石寺所領が国家に吸収され、経営は苦境にあった。著名な執筆者を迎え価値を広く全国に発信しようという意図があったろうか。

伊澤栄次は山寺村に明治五年に生まれた。立石寺六七世住職壬生芳田師の弟にあたる。山寺小学校長、山寺村村長、東村山郡書記を歴任し、円仁の東北教化研究に力を注ぎ、昭和四十年九月にこの世を去った。「山寺史蹟の人」第一号として、山寺公民館の庭に石碑が建立されている(清原一九九三)。山寺の文化継承と発展のために尽力し、立石寺を深く知る地域の有力者であった。本書は明治四十一年九月、のちの大正天皇の山寺行啓に関連しての企画でもあった。のちに『慈覚大師と山寺』『山寺百話』も出版している。なお、行啓は立石寺の景観を整備し、山寺を近代的観光地に押し上げた重要な機会で、これを契機として昭和七年（一九三二）に国名勝史跡への指定が果たされたという（新関二〇一九）。

立石寺の発達と画期

先行研究を参考とし、全国的傾向も考慮して、立石寺の歴史（古代から中世末中心）に一期から四期の画期を設定し、時間軸を立てた。霊場立石寺がどのような経過で霊場として定まり、発達し展開をしたのか説明しやすいようにした。一期は九〜十世紀、二期は十一〜十三世紀、三期は十三〜十四世紀、四期は十五〜十六世紀となる。なお、一期は中世以前を含むが、古代寺院から中世霊場寺院への変化を知るには重要であるので設定している。

立石寺の画期

その中身は次のようなものとなる。書中に頻繁に出てくるので、頭の中に置いていただければと思う。

東北地方に律令国家と結び付く山岳寺院が営まれる段階である。律令政権の庇護下に開創した立石寺は、寺院として基盤を確立した。

一期―九～十世紀

根本中堂は平安時代に建設は遡り、古代に遡る仏像群も納められる。

この時期、日本に移入された仏教が全国に展開し、国分寺・国分尼寺など全国に寺院が建立された。岩手県奥州市妙見山黒石寺《こくせきじ》には、貞観四年（八六二）の胎内銘を持つ薬師如来坐像がある。岩手県平泉町中尊寺《ちゅうそんじ》は『平泉旧蹟志』などの近世地誌によれば、嘉祥三年（八五〇）に弘台寿院と号して成立、慈覚大師開基と伝える。東北に慈覚大師と関連する寺院が出現し、山岳地帯に古代寺院が建設された時期にあたる。

二期―十一～十三世紀

立石寺霊場信仰の基点が確立した段階である。百丈岩《ひゃくじょういわ》に据えられていた「如法経所碑」には「大師霊崛」と刻まれた。入定窟が整備され、聖《ひじり》たちがこの地を訪れ、金棺には廻国聖納入の経筒《きょうづつ》が打ち付けられた。慈覚大師の首の存在は全国へ広まり日蓮の耳にも届いた。交通の要衝という立石寺の地理的位置も重要であった。周辺の石造物（如法経所碑・石鳥居・宝塔・石仏）は、霊場化が進む中で営まれた可能性が高く、全国の中世霊場の確立段階に重なる。

この時期、経塚《きょうづか》が全国で盛んに営まれ、中世墓もその姿を明らかにする。九州博多に中国から荷揚げされた陶磁器は交通路の整備により東北へも運ばれ、平泉遺跡群で出土する陶磁器は莫大である。天台宗は日本海舟運に関与し、立石寺と遠く七尾市海門寺《かいもんじ》とのつながりも生まれる。経塚はわずか四十数年の間に列島（長治二年〈一一〇五〉鹿児島県曽於市大隅町月野、久安五年〈一一四九〉秋田県横手市大森町八木沢）の隅々へと拡大した。五輪《ごりん》塔《とう》や宝塔など石造物の造営も、地域拠点を中心に全国に広まった。さらに経塚は中世墓地とも結び付きながら、霊場の基点ともなっていった。なお、十三世紀初頭の様相は二・三期の様相が絡み合うので両期に入れてある。

三期――十三〜十四世紀

立石寺内部と周辺の霊場としての環境が整えられた段階である。文書が整えられ石造物の造営が盛んとなる。風穴《ふうけつ》（岩屋）への小型石塔の施入とともに納骨が開始される。中世奥羽の骨蔵器をともなう墓もほとんどがこの時期に営まれる。立石寺周辺の石造物は、立石寺の石工集団が関わっていた可能性が高い。

この時期、広い階層に仏教が浸透し、葬送についても影響を及ぼすようになる。納骨は鎌倉時代にはおそらく寺院の僧や地域の有力者が中心で、のちにより広い人々の供養・納骨が行われるようになる。石塔と火葬墓が全国に展開する時期であり、立石寺の風穴に納められる木製・石製五輪塔や板碑《いたび》はこうした動きの中で営まれた。立石寺主導の地域開発

（藻湖《もがうみ》伝承・山寺堰・上荻野戸《かみおぎのと》六軒在家）も行われるようになるが、今回は触れない。

四期——十五〜十六世紀

聖の活動が活発化し近世の納骨霊場への基盤が整えられる段階である。膨大な数の庶民信仰資料（笹塔婆・多数多様な納骨容器・小型木製五輪塔・小型板碑など）が納められた。聖と呼ばれる宗教者たちが立石寺と近傍に居住し、盛んに活動を行った。彼らは天台宗以外の信仰を持ちながら、立石寺に深く関係した。

この時期には、戦乱による立石寺の退廃も起こり、大切に受け継いできた法灯も消滅してしまう。やがて法灯は立石寺僧円海《えんかい》の努力により、比叡山から立石寺へと帰還を果たすこととなる。帰還事業に大きな役割を果たしたのは、山形の戦国大名最上《もがみ》氏であった。最上義光公《よしあきこう》御霊屋《おたまや》が現在に残る。

全国中世霊場発展の画期と連動

先に挙げた一期〜四期の画期は、全国的な霊場の成立と展開に密接した動きを持つ。仏教考古学の視点から時枝務氏は日本を東アジアの中に位置付けて俯瞰しながら霊場の様相を踏まえ、同時に著名な霊場（吉野金峯山・京都六角堂・高野山奥之院・奈良元興寺極楽坊）の成立と画期について整理している。

山岳霊場である奈良県吉野金峯山《きんぷせん》は十一世紀初頭に成立、十三世紀代には勢力にかげりが見える。都市の霊場京都市の六角堂は十世紀中葉には霊場として発展したようには見えず、十二世紀には霊場となっていた可能性が高く、十四世紀には巡礼札などの存在から霊場となり、和歌山県高野山や立石寺と発達の時を同じくするという。高野山奥之院は十二世紀第1四半期に経塚造営を契機とし霊場化、十二世紀後期に納骨遺構、十三世紀代に専用納骨容器が見え、十五世紀後期に一石五輪塔が本格造営される。奈良県奈良市元興寺極《がんごうじごく》楽坊《らくぼう》は八世紀初期・十世紀初期・十世紀末・十三世紀中葉・十五世紀初頭などの画期があり、十三世紀後半が霊場として成立した時期となるという（時枝二〇一四）。

立石寺が霊場化した二期の十二世紀代は、国内で霊場の存在が明らかになってきた時期と見ることができる。佐藤弘夫氏は十一世紀から十二世紀に彼岸《ひがん》と此岸《しがん》を結ぶ通路としての霊場が国土のいたるところに出現し、霊場を結んで人々が列島を移動する巡礼と参詣の時代が始まったという（佐藤弘二〇〇三）。

霊場立石寺画期の意味

こうした発達を念頭とすれば、一期は古代から中世への画期であり、中世霊場の出現前夜。二期は奈良県吉野金峯山などの山岳霊場とともに、都市の霊場である京都六角堂も成立するなど、彼岸と此岸を結ぶ通路としての霊場が国土のいたるところに出現した、中世霊場の出現段階。三期は高野山に納骨遺構さらには専用納骨容器が見える、中世霊場の確立段階。四期は高野山奥之院に一石五輪塔が本格造営され、元興寺極楽坊に庶民信仰資料が盛んに納められる、中世霊場の最終段階にもあたる。さらに、四期の後半は中世から近世への移行期にあたり、それまでの石塔や火葬のありかたが、大きく変化を見せる段階でもある。

大まかにではあるが、立石寺の画期とした各段階は、全国的なものであり、ほかの霊場でも何らかの画期にあたる場合が多いことが理解される。立石寺は全国的な霊場造営の動きに連動し、霊場寺院として発達を見せたことがわかる。

さて、立石寺の歴史の概要を覗いてきたが、実は中世霊場が現在に継続することは、驚くべき事例なのである。人々の信仰は古来専心一様なように見えるが、はやりすたりがあり信仰を寄せる人々の間に共有される宗教的動向と、さらには寺院の基盤となる政治的経済的背景が変化し、これら時代変化の荒波に呑み込まれた霊場は徐々に力を失い、忘れられ、まさに「忘れられた霊場」となるのである。

いよいよ霊場に分け入ってみよう。

山寺立石寺景観の時空

まず、現在の立石寺の境内の様子を確かめよう。ついで立石寺境内を描いた絵図と文書に注目し、時を遡り明治時代と江戸時代の霊場の賑わいを覗いてみよう。この先の時空に中世霊場はあるのだが、残念ながら霞んでいる。ただ、中世立石寺を探る手掛かりは見え隠れしているので、注意して絵図や文書の風景を読み進めなくてはならない。

なお、ご注意いただきたいが、昔の絵図を用いて説明するために、現在解放されていないルートの記述が出てくる。興味がある場所も多いと思うが、許可なく立ち入りはできない。霊場を未来へ伝えるためと心していただきたい。観光ルート以外への立ち入りは難し

霊場に分け入る

い。

現在の案内図を読む

まず、近年の名勝史跡山寺案内図（図2）で、図下方に「山寺駅」を確認しよう。山寺駅には立石寺の風景を楽しむビューポイントが設けられ、屏風を広げるように露岩が東西に広がる景色は圧巻である。「立谷川」（阿所川とも）を渡れば、円仁と磐司磐三郎《ばんじばんざぶろう》が向かい合ったという「対面石」（図3）、この上に聳える露岩が「百丈岩」である。重要な「入定窟」「納経堂」「開山堂」「五大堂」が露岩の頂《いただき》付近にまとまっているので、多少首が痛いが見上げていただきたい。いよいよ立石寺の境内へと入る。案内図には記されないポイントもいくつか加えながら読み込んでみよう。なお、立石寺境内のうち、根本中堂を中心とする地域を山下、如法堂を中心とする地域を山上と、江戸時代の表記に習って表しておきたい。

右に「登山口」があり、石段を登れば山下中心の国重文「根本中堂」（図4）。左に進めば「清和天皇宝塔」、そして「日枝神社」、ここは寺域内の神域ということであろうか、東西参道に鳥居が二つ設けられ、南北に細長く結界されている。現在、宝物殿には立石寺ゆかりの重宝が納められている。ぜひ拝観いただきたい。傍らの俳聖芭蕉像は奥の細道ゆかりの土地であることを示している。「念仏堂（常行堂）」と過ぎ、「山門」に行きあたる。

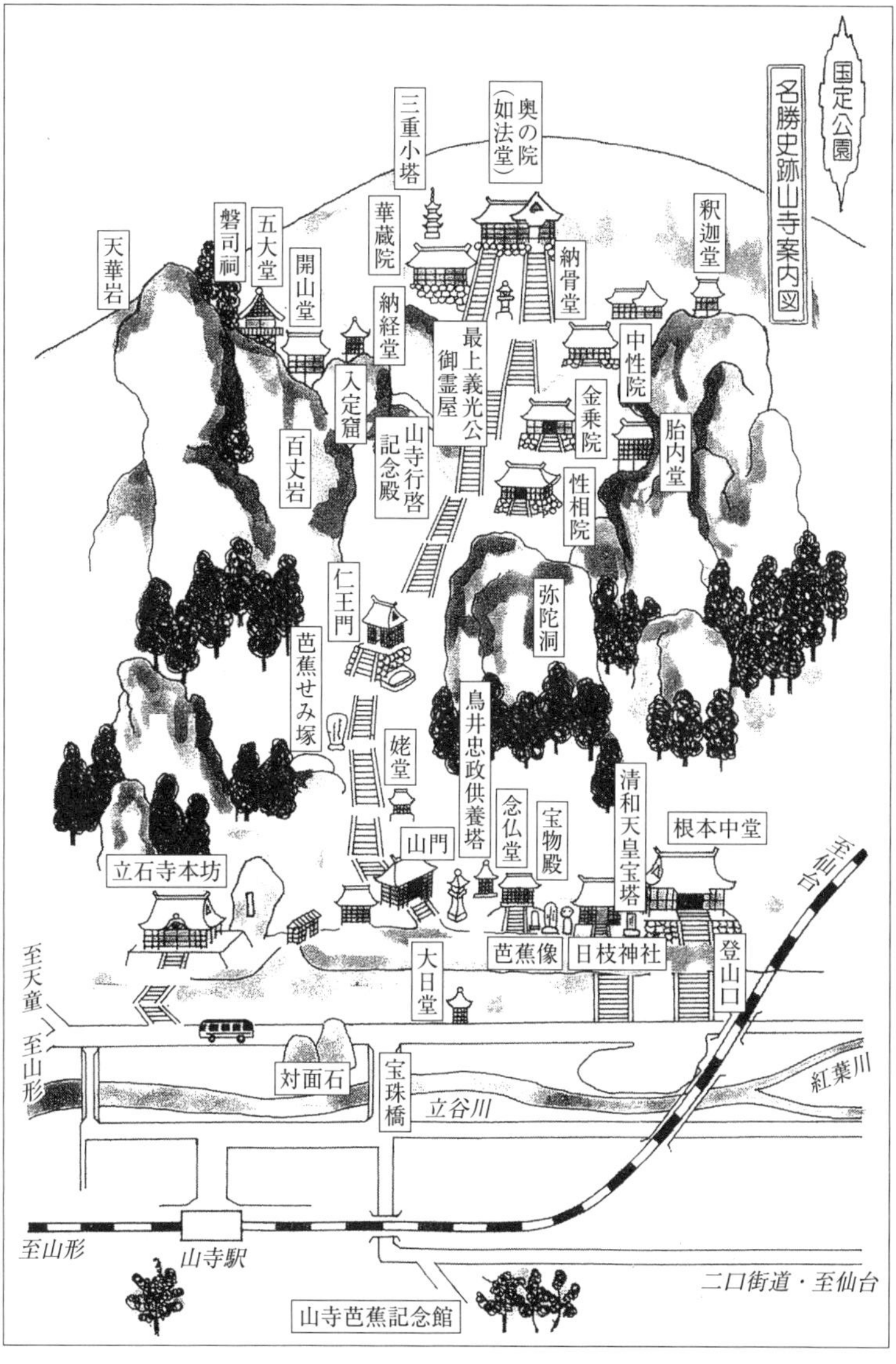

図２　名勝史跡山寺案内図

（出典）「名勝史跡山寺案内書」をもとに作成.

図3　対面石（橋の左側）

図4　根本中堂（堂内では不滅の法灯が灯され続けている）

図5　姥　　堂

図6　中　性　院

図7　最上義光公
御霊屋

図8　納 骨 堂

図9　奥の院（如法堂）

図10　五大堂から見る山寺駅（左側山中へ延びるのが仙台への二口街道）

き土地に入る。

右側には「鳥居忠政供養塔」が見え隠れする。いよいよ奥深い立石寺の神髄とでもいうべ

山門からは石段が山上へと続く。有名な岩塔婆《いわとうば》（露岩に刻んだ供養塔婆）が見え、霊場に足を踏み入れたことを実感する。「姥堂《うばどう》」（図5）には三途の川のほとりで、亡者の着物をはぎ取る奪衣婆《だつえば》が祀られる。真っ赤な口を開いて胸乳をはだけ、行き交う人々をうかがっている。堂の前面には、ちょろちょろと水の流れがあるではないか。冥土への途中にある三途の川を表すのだろうか。ということはここから先は、幽冥の境を越えた場所であり、あの世となる。いよいよ霊場の本質へ立ち入るのである。

だんだんと登りがきつくなり、夏場でなくとも汗がふきだす。そのときには岩塔婆に刻まれた文言を読んだり、石仏や石碑などの由緒を確かめたりしながら、ゆっくりと登るのが良い。「芭蕉せみ塚」は芭蕉がこの地で詠んだ「閑さや岩にしみ入蝉の声」の短冊を埋めて記念としたもの。「弥陀洞《みだほら》」の露岩にきざまれた多くの岩塔婆は圧巻である。上方の多数の風穴《ふうけつ》（岩屋）の中には、中世の小五輪塔が納められているのが見える。近世の信仰による岩塔婆と中世の信仰による五輪塔の対比、霊場信仰の移り変わりによって、時代ごとに納められたモノの違いが確認できる。

「仁王門」をくぐり歩みを進めれば景色が一変する。ここからが山上の世界。まだ坂はきついが、深い木立は姿を消し堂宇が建ち並ぶ山上の空間が広がる。「性相院」「金乗院」「中性院」（図6）と登り、「中性院」の前には、戦国大名「最上義光公御霊屋」（図7）があり、さらに、死者の歯骨を納める「納骨堂」（図8）を過ぎ「奥の院（如法堂）」（図9）にいたる。ここが解放されている最高到達地点となる。疲れ切って足は残っていないが、もう少し歩みを進めなくては、立石寺の奥深さを体験することはできない。西側に歩みを進めれば、有名な「三重小塔（国重文）」と「華蔵院」、さらに大正天皇が皇太子時代に訪れた「山寺行啓記念殿（大正天皇御休息所）」を巡ればいよいよ下りとなる。

山上世界の堂舎

「開山堂」の東側、百丈岩の頂近くに、石墨草筆《せきぼくそうひつ》にて如法に記された経典を納める「納経堂」。「如法経所碑」（宝物殿安置）はもとはここにあった。頂の直下は慈覚大師円仁が禅定《ぜんじよう》に入られた「入定窟」だが立ち入ることはできない。膝元の街道を通る人は慈覚大師に見守られ、心安く交通ができるという安心感があったろう。西側が眺望点の「五大堂」であり、山寺駅が足元に見え、豆粒のような仙山線の列車が行き交う（図10）。東西の道が二口街道《ふたくちかいどう》（陸奥国と出羽国を結ぶ最短路）である。この景色を見ただけでも登ったたかいがあるというものだ。この上には重要な磐司磐三郎（慈覚大師を助けた地主神でありのちに述べる）の祠があるのだが、あまり知られていない。これが一般的な立石寺境内の拝観で、参拝された方は景色を思い出されたのではなかろうか。

さて、時空を遡ってみよう。まず、明治時代の霊場景観はどのようなものであったのだろうか。

明治初年―『山寺攬勝志』の風景

立石寺の明治初年の風景を『山寺攬勝志』に記したのは岡千仭であった。百五十年ほど前の風景をいくつか抜粋してみたい。

まず、ここには当時社会的に差別があった女性のために用意された、霊場空間があったことが記される。女人救済に準備された「準提堂」の存在がそれである。准胝観音《じゅんていかんのん》は観音が衆生救済のため変化した形の一つであり、像容は頭部に三つの目を持ち腕が十八ある仏像として表されることが多い。密教の女性尊で、七倶胝仏母・准胝仏母ともいわれる尊像である。女性はここに血盆経を供え救済を祈るという。血盆経は四〇〇字ほどの経で、女性は出産や月経による血の穢れのため、死後血の池地獄に堕ちる定めであるが、この経を信仰すればその罪から逃れられるという。室町時代から江戸時代に広く民間に流行した。ここには女性救済の空間が用意されていたのである。

ついで、納骨信仰の中核をなす、亡くなった庶民の遺骨、とくに歯骨を納め供養をする場所である「納骨堂」が記される。

また、展望の景観点として山上の東側に位置するあたりが詳しい。大正天皇の御休息所である山寺行啓記念殿（図11）の眺望もまた、立谷川と二口峠を見下ろす位置に取られており、この景観が重要視されていたことをうかがわせる（志村二〇一二）。現在は五大堂からの眺望が代表であるが、足下に仙山線の山寺駅が見えることからすれば、仙山線（全線開通昭和十二年〈一九三七〉）の開通以降に、この景観点はより重視されるようになったのかもしれない。

信仰を寄せる対象や景観点が変化していて、霊場は人々の思いを容れながら変化していくものであることを示している。次にこの三百年ほど前、江戸時代の霊場景観を見てみよう。現代とはかなり違った姿が描かれる。

江戸時代―『山寺状』の風景

『山寺状』は、享保十一年（一七二六）ごろ、京都洛陽書林芳野屋徳兵衛が出版したもので、記された景観は十七世紀半ば芭蕉が訪れたころのものである。作者は松本一笑軒、近江国日野に生まれ全国を巡り、山形県河北町谷地で天和三年（一六八三）に没した。霊場立石寺を、付属する「山寺状絵

図11　山寺行啓記念殿（大正天皇の御休息所　絵葉書）

図12　山寺立石寺（左より五大堂・開山堂・納経堂，下に入定窟）

図」とともに紹介し、庶民に参詣を勧めたものという。本文を抄録し現代風に意訳したので、当時の霊場の風景を読んでみよう。

「一、享保七年　山寺状　一、当山は比叡山の神仏を移したものだ。山王権現《さんのうごんげん》はこの山の守護神として四月（陰暦）申《さる》の日に祭礼を行う。ここは日本天台宗第二番の山である。一、奥の院には常灯火があり、これを三火という。この火が消えるときは比叡山の火を移し、また比叡山の火が消えるときはこの山から伝える。古くは三八〇町の寺地があり、清和天皇から頂戴した「立石倉印」四文字の鉄印が今に残る。御朱印地は一四二〇石。一、ここは紀州高野山と同様、人々が卒塔婆を立てて後生を供養する場所。一、慈覚大師の宝物、奇岩空洞の奇景にちりばめられた数々のお堂は絶景で、書き表そうとしてもできない。訪れなければ良さを知ることはできない。

（中略）奥の院（如法堂）は静かであり人の声がしないところである。番僧が灯を守り、香を絶やさないことは本当に素晴らしいことだ。後ろには慈覚大師が掘ったという独鈷水《どっこすい》の池があり、煩悩を洗い流すという。まわりには新旧の石碑が道路に横たわり古い石塔が風穴に埋もれている。岩屋の中を見れば、老僧が机に向かって経を読み、若い僧侶や稚児も熱心に学んでいる。学問にあきたときには、囲碁や将

奥の院と老僧

棋に遊び、四本の木を立てての蹴鞠《けまり》の遊びもある。奥の座敷では天神の絵を掲げて宗匠のお題をいただき連歌の会を行っている。ある坊では中国唐代の詩人李白や杜甫に学び詩会を開催している。懸作《かけづくり》の舞台があり太鼓や鼓で音曲を奏でている。東西かなたこなたを見まわすとこころ惹かれるものばかりだ。

日も暮れ宿をさがすと六十歳ばかりの老僧の庵《いおり》があった。彼が語るには、清和天皇の世に慈覚大師が仏法流布のためにここに来た。清らかな水辺のそばにある立石のほとりで風の音に「一切衆生　悉有仏性　如来常住　無有変易」の声が聞こえた。仏法を広めるのにここより良いところはないと考え、清和天皇のご命令を受けて、比叡山の社寺と仏神を一つも残さず配置したのであった。

奥の院には法華経受持者を護持する十羅刹女《じゅうらせつにょ》を安置し、衆生を救う本主とし、法灯と朝夕の経典の読誦《どくじゅ》を絶やさずにいる。麓には医王（薬師如来）をおき、慈覚大師が自ら刻んだもので「利益衆生　故号　薬師瑠璃光佛」と唱えられると、木像は首をかがめてうなずかれたという。この左には山王二十一社、右には阿弥陀堂がある。

（中略）客人ノ宮には十一面観音が祀られている。これは白山修業の霊神である。山王を助けて、北陸の峰からこの霊地においでになったので客人（マロフト）という。（中略）

仏法繁盛の霊地であるこの場所は、石が高く聳え立つことから立石寺と号している。四月中の申の日には山王のお祭りがある。湖（琵琶湖）がないので船を浮かべることはないが、七社のご神輿を備え、粟のご供養を焼き、催馬楽《さいばら》を謡い、御子は流鏑馬《やぶさめ》を射る。禰宜が袖を振ると鈴の音が響き、楽人は太平楽を舞う。稚児の衣装の色鮮やかなことは、あたかも極楽浄土に菩薩が出現したかと思われるほどである。

大稚児は還城楽《げんじょうらく》を舞い、小稚児は万歳楽《まんざいらく》を舞い終えると、老若男女は袖を連ねて伏し仰ぎ見、貴賤上下も驚くばかりであり、ほかのことを忘れて見入っている。まことに壮観である。まことにありがたいことである。（後略）」となろうか。

記述は、中世立石寺の様相と信仰を知るうえで重要な内容を含んでいるので、いくつか補足し、整理してみよう。

日本海側北陸地方との関連

まず、『山寺状』で最初に由緒が語られる山王権現は、日枝神社のことである。本社は比叡山の東の山麓、滋賀県大津市坂本にある日吉《ひえ》神社であり、天台宗の守護神として知られる。山王・日吉・日枝などいくつかの呼称の変化があり全国に広がる。かつて、網野善彦氏は平安時代末に北陸道を中心とし、日本海で活躍する日枝神人の姿を描き出した（網野一九九八）。日本海の海路を掌握し、各地に拠点を構え天台信仰を基幹としながら教線を広げ、さらに経済活動を行うというのである。

最上川の川湊である天童市寺津には湊に面した場所に日枝神社があり、寺津とは寺の湊であり、寺とは立石寺を想起させる。日本海交易の拠点であった酒田湊は都市軸の基点が日枝神社であり関わりが深い。さらにここを拓いたのは平泉藤原氏の縁者（徳尼公）と伝える。

ついで、客人として祀られている十一面観音は白山《はくさん》の霊神であり、山王を助けて北陸の峰からここにおいでになったと語られる。養老元年（七一七）に越前の泰澄上人《たいちょうしょうにん》に始まる福井県勝山市白山平泉寺《へいせんじ》は、天台宗寺院として栄え白山権現の別当寺であった。平泉寺には平泉藤原氏との関係が残る。仏像を寄進したという記録、藤原秀衡《ふじわらのひでひら》の遣わした武士団を自らの遠祖とする村の伝承が残り、平泉藤原氏三代藤原秀衡が日本海の海上ルート確保のため、北陸の日本海岸に大きな影響力を持った白山勢力と結び付いたのではないかという（宝珍一九九八）。立石寺の霊木を使った千手観音坐像が、石川県七尾市海門寺に伝わることも無縁ではない。立石寺と日本海舟運を通しての北陸あるいは京都との結び付きの強さを示している。

多彩な教養世界

ついで注目したいのは、ここで行われていた行事と活動である。囲碁や将棋、蹴鞠、さらには連歌、漢詩の詩会を催している。囲碁や将棋さらに連歌は中世以来の芸事として有名であり、かつその趣味は公家から武家そして寺院にまで広がっていた。蹴鞠は平安末期以後盛んに行われた庭で行う遊技である。数人が革沓をはき、鞠を木の下枝より高く蹴上げることを続け、受けて地に落とさないようにするものであり、その場所は四本の樹木で区画される（東北隅に桜、東南に柳、西南に楓、西北に松）。江戸時代には庶民の間にも広まったらしく、葛飾北斎の『北斎漫画』一篇には草履をはいて蹴鞠を楽しむ数人の男が描かれている。身なりは武士や神官ではなく、庶民の服装である。

また、懸作の舞台ではおそらく舞楽が奉納されたのであろう。ここで舞われた舞楽は、現在、河北町谷地八幡宮宮司林家に伝えられる「林家舞楽」（国指定重要無形文化財）に連なる。『舞楽由緒』には「林家の祖林越前は天王寺の楽人たりしが、貞観二年（八六〇年）僧円仁に随従し羽州山寺に来たり、根本中堂にて舞楽を奏し、後世谷地に住せり」と記され、大阪天王寺の舞楽が円仁に従って来た楽人によって、当地にもたらされたことが記される。

さて、描かれる囲碁・将棋・漢詩・蹴鞠・連歌・舞楽は当時の教養世界を示している。併せて舞台の上で太鼓や鼓で音曲が奏でられている情景を想像すれば、そこは日常とは切り離された一つの理想世界であり、まさに霊場として相応しいものとなる。

また、岩屋は風穴の事と考えられるが、これが修行の場所ともなってい

風穴での修行

た。たしかに、天永二年（一一一一）ごろに成立したという『本朝神仙伝』には、出羽国の石窟の仙（ひじり）が記される「出羽国の石窟の仙は、何の年の人なるかを知らず。身を石窟に留めて数百歳を経たり。粒《いなびつ》を絶ち食を罷《しりぞけ》て、寒暑を屑《もののかず》にせず。常に禅定を修して、今に猶し存せり」という。食べ物を絶って風穴で修行したというのである。

江戸時代末、立石寺にも風穴を修行の場とする僧がいた。『山寺名勝志』の「白山祠」頁には、「下の洞窟を筏舟窟といふ。無覓庵筏舟《むみやくあんばつしゆう》禅師か一切経を読誦せし跡なり。筏舟は南越の知識なり。諸国を行脚し。当地に留まること四年。慶応二年（一八六六）正月二十八日七十八にして円乗院に寂す。遺言によりて火葬となし。骨を最上川に沈む。墓は開山堂前に在り」という。風穴は一切経を読誦する修行の場であったのである。筏舟は新潟県阿賀野市草水の曹洞宗寺院観音寺三十四世であり、幕末の名僧といわれた卓越した禅者

であった。還暦で引退し、生前に葬式を終え行脚の人となったという（曹洞宗臨澤山柏樹林観音寺HP）。師は毎朝清水を以て全身を清め、夜は横臥することもなく、寂滅にいたるまで坐禅を続け、生活は質素を極めたという。

江戸時代の霊場空間

さて、霊場世界の基盤は、何といっても円仁がこの場所を見出したことであった。立石のほとりで「一切衆生　悉有仏性　如来常住　無有変易」の声を聞いたという。これは経典の一部を切り取った詩句であり偈頌と呼ばれる。出典は『涅槃経』巻二十七の「獅子吼品」であると考えられる。また比叡山の寺社と仏閣をここに配したということであるから、円仁と比叡山の存在が霊場の基盤となっていることを示している。

ついで、この場所を守護するのは山上の奥の院に祀られる「十羅刹女」と山下の根本中堂に祀られる「薬師如来」であるという。薬師如来には左に日光菩薩、右に月光菩薩が従い薬師三尊となる。さらに眷属として十二神将を従える姿が一般的である。立石寺は山形の東方、陸奥国との境にあるから、他国から流入する災厄を防ぐ、重要な役目があると考えられたのであろうか。

付属している「山寺状絵図」により、記された内容をより詳しく知ることができる（図13）。覗いてみよう。

一番西側には先ほど触れた「地蔵堂」、二口街道と立石寺境内を結ぶ「高橋」、その右側に円仁と伝説のマタギ磐司磐三郎が対座したという「対面石」が描かれ、その真上の山上には「磐司磐三郎岩」が懸崖作の「五大尊堂」の左側に描かれる。「白山」もそばにある。その右には「経堂」があり、さらに「入定金棺」とは入定窟の中に納められた金棺を表すのであろう。入定窟と思われる三角を呈する風穴（左側）が描かれている。

描かれる寺院の大きさ

寺院は大きく三つ（大・中・小）に描き分けられる。大は「奥の院」と「中性院」「根本中堂」、本院の「宝珠山立石寺」である。中は「骨堂」「観音堂」「五大尊堂」「熊野権現」「文殊堂」「山王権現」などである。小には名前も記されない寺院がある。この区別は重要な寺院ほど大きく記されていると見られる。最大が奥の院であり、絵図の最も高い部分に位置するので、これが本絵図の中心と見ることができよう。寺院関係以外の施設として最大のものは骨堂である。骨堂が重要な施設であったことを示している。

寺院以外の施設として大きく記されているもののうち、「安楽梅（八房梅）」はそうとう有名であったらしくきれいな枝ぶりが描かれている。『山寺名勝志』に大宰府の飛梅を移植したもので、比叡山延暦寺に灯火を返還したとき、その記念として植樹したものといい、後水尾天皇から花香実の号を賜ったと記す。

さらに、この場所に参詣しているのは、老若男女と貴賤上下とあるから、すべての人々に解放された、ある意味にぎやかな空間であることも特筆しておかなければならない。霊場は閉鎖された空間と、解放された空間とに分けられる場合がある。両者は同じ霊場の中で入り組んでいることがあるので複雑だが、霊場存立の基盤となっている空間は閉鎖され、一般の参詣者は立ち入ることはできず、清浄な空間として霊場の一部分を占める。それに対して、霊場に結縁《けちえん》するために参詣する人々を受け容れる空間も必要であり、その空間は、参詣者に利益を体感させるためのさまざまな装置が用意されるにぎやかな空間で、霊場の大半はこの空間が占める。この二者の存在がそれぞれあいまって霊場空間となるのだろう。

重なるミャンマー寺院の風景

参詣者のための空間はたとえば、現在の東京ディズニーランドなどの賑わいを想像してもらえばよい。というと、読者は驚かれるだろうか。ミャンマーの旧首都ヤンゴンにある、著名な仏教寺院シュエダゴン・パヤーをご存じだろうか（図14）。この賑わいは相当なものである。単純な比較は難しい

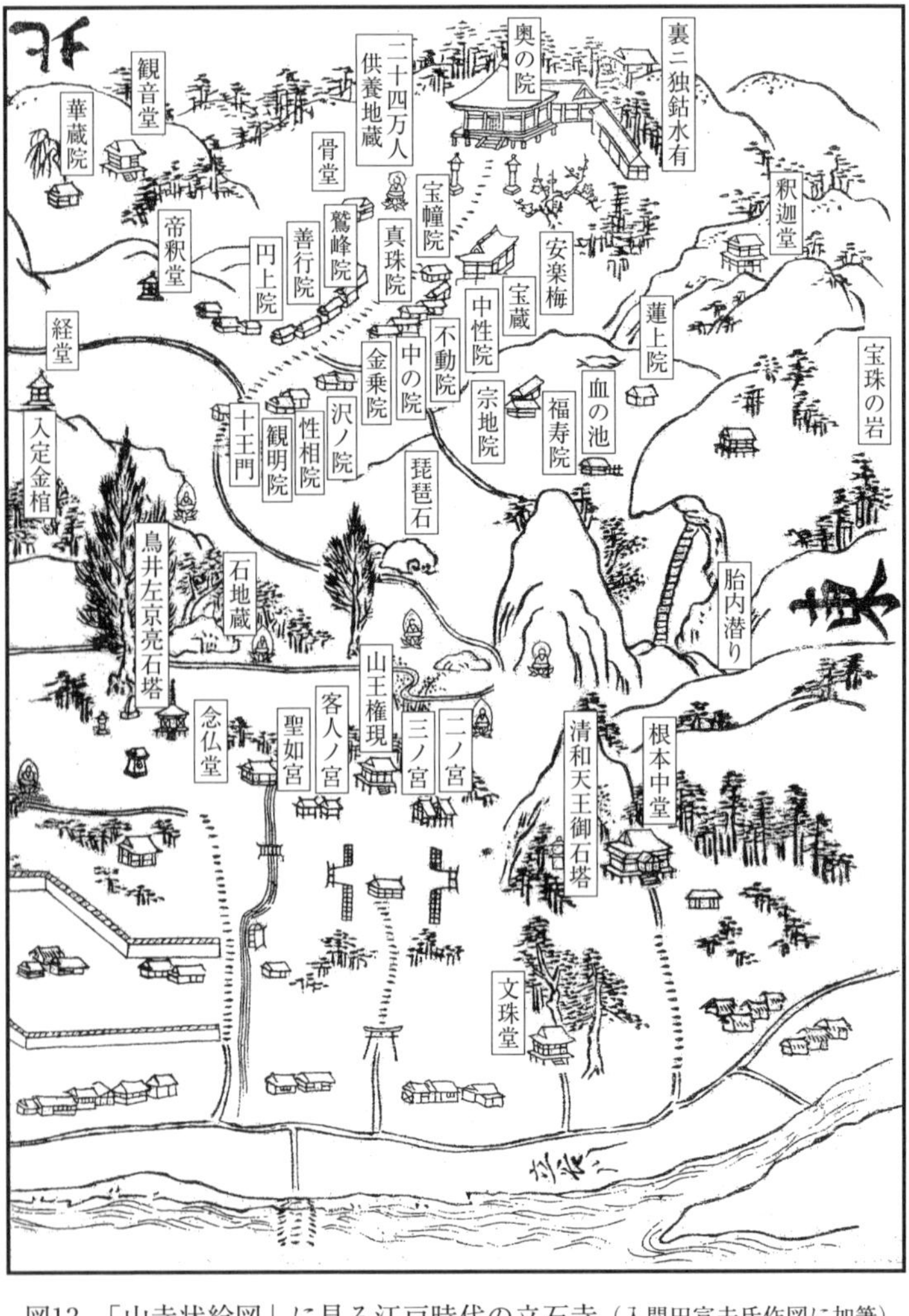

図13　「山寺状絵図」に見る江戸時代の立石寺（入間田宣夫氏作図に加筆）

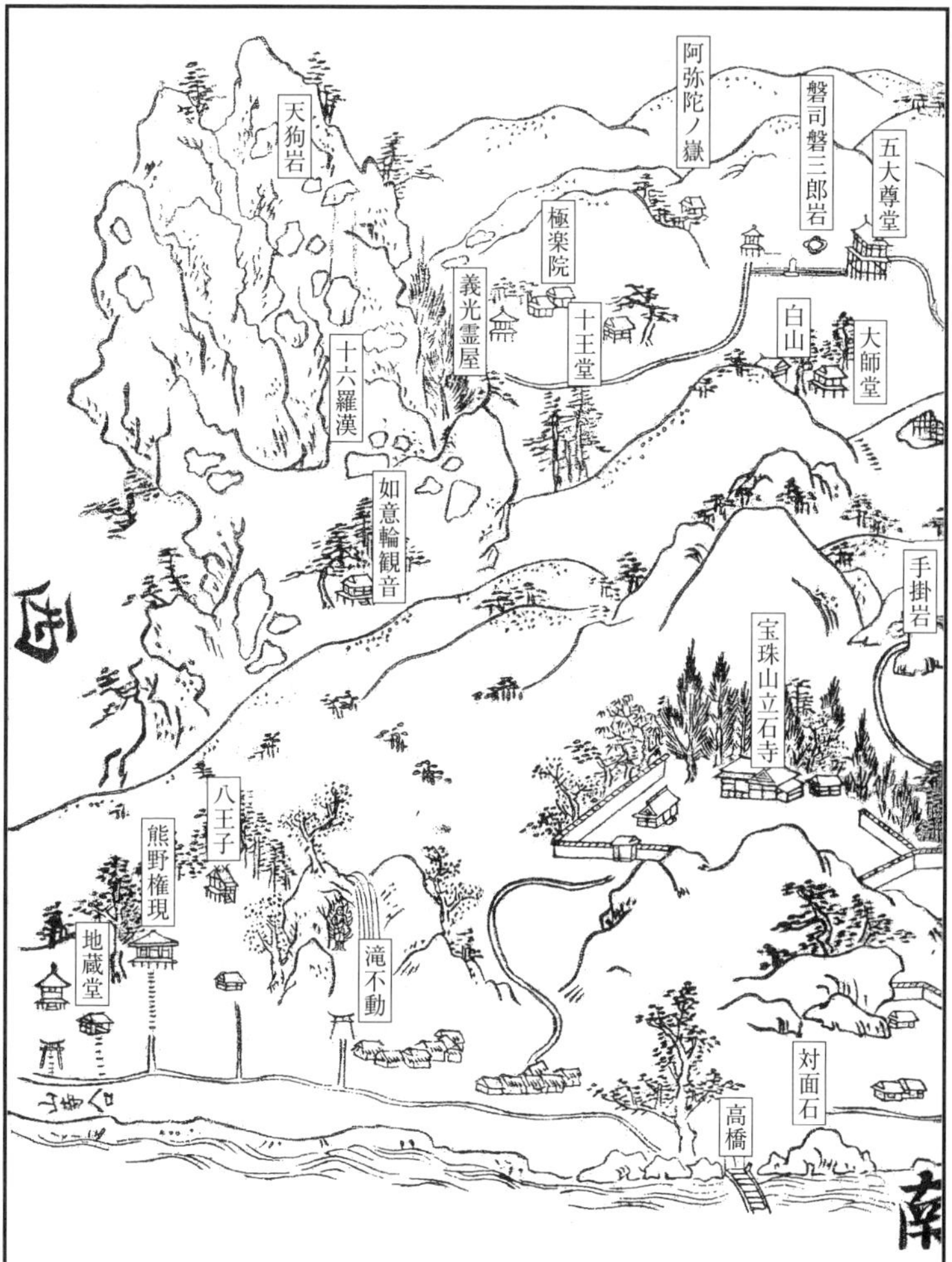

阿弥陀ノ嶽
磐司磐三郎岩
五大尊堂
天狗岩
極楽院
義光霊屋
十王堂
白山
大師堂
十六羅漢
如意輪観音
手掛岩
宝珠山立石寺
西
八王子
熊野権現
地蔵堂
滝不動
対面石
高橋
南

図14　シュエダゴン・パヤー（ミャンマー旧首都ヤンゴンの仏教寺院）

ことは承知しているが、祈りの空間としては同じである。ミャンマーの祈りの場はどこもにぎやかであった。山寺状の描く江戸時代の霊場はシュエダゴン・パヤーのような場所ではなかろうか。貴賤上下さらには、当時社会的に差別があった女性までもが参詣することができる、解放されたにぎやかな空間であると考えている。

こうした賑わいをとどめているのが、この絵図ではなかろうか。江戸中期の人々はこの絵図を見ながら、次は宝珠の岩を見ようか、いやいやまず血の池地獄でお祈りを済ませましょうとか、胎内くぐりも面白いんじゃない、あんた生まれ変わったらいい男になるかもよとか、おれ最上義光が好きなんだよなぁ義光霊屋にも行くよ、でもやっぱり今日の目的は先祖の納骨だから最初は骨堂に行かなくてはならないなぁ、見物はそのあとだ。などなど、どこへ行こうかと、先祖供養と自らの救済、さらには遊興の楽しみとして、思いを巡らしつつ参詣する人々の声が聞こえてきそうな気がする。

さて、立石寺の境内域を時間を遡って巡ってきたが、この外にも立石寺の関係する地域は広がる。江戸時代「山寺宝珠山立石寺図（立石寺図）」を紐解くと、江戸時代の立石寺の範囲と考えられる空間が浮かび上がってくる。

江戸時代―「山寺宝珠山立石寺図」

「山寺宝珠山立石寺図」は相原一士氏の研究がある（相原一九九九）。参照すれば、立石寺の境内域を「山寺状絵図」よりも広範囲に描いたもので、文化年間（一八〇四～一七）、遠藤周鶴（一七六九～一八四二）の筆と伝えられる。なお、この図は境内域を把握する上での基本図となっている。

まず構図は「山寺状絵図」と同じで、北側を向いて立石寺の威容を現し、西の境に「入り口の門」と「地蔵堂」、東側は「岩ノ沢」、南側は「米山薬師」が描かれる。

立石寺の地主神であろう磐司磐三郎を祀る「万治万三郎」窟は正面に格子が設けられている。慈覚大師入定窟は「入定窟」と表記され、開口部は塞がれているように描かれている。おそらく現代につながる閉塞施設が設けられたのであろう。奥の院の西側にある華蔵院の隣には、岩窟内に「三重塔」（国重要文化財）が描かれている。根本中堂は「薬師堂」と注記されている。これは本尊の薬師如来に関連しての表記であろう。

次に重要な東側の部分に触れておく必要がある。ここには最も東の境界として「岩ノ沢」という沢筋が描かれる。そばには「堺」という境界地名も存在するため、このあたりが立石寺の東端として認識されていたのであろう。そのやや南側に入ったところにあるのが千手院地区であり、「観音堂」と表記されている。実はこの北側一帯には、露岩が広がり、中世の石造物群を内部に納める風穴群が存在する。絵図には「峯裏（現在は峯浦とも）」「瀧ケ水」という表記がある。

南側の境界となる位置にある「米山薬師」は、おそらく新潟県の南部日本海側にある霊山米山の米山薬師に関連したもので、日本海舟運と立石寺の関連を示すものであろう。北側の境界は「子安観音」がある。

さて、このように見ると、東側は「岩ノ沢」、西側は「地蔵堂」、南側は「米山薬師」、北側は「子安観音」という範囲が立石寺境内として、江戸時代末には成立していたものと考えられる。これが境内域・寺域（江戸時代とそれ以前の立石寺関係地をこう呼んでおきたい）となろう。さらに、江戸時代以前の立石寺の寺域は奥羽山中深くに広がる。

慈覚大師と磐司磐三郎

立石寺の創建に関わる、慈覚大師を助けた地主神の伝説に磐司磐三郎伝説がある。この関連地名（磐司岩）が、奥羽山脈をまたいで宮城県に向かう二口街道に沿って残るのである。街道沿いの秋保大滝（滝の原大滝）・石橋なども、立石寺と関連が深い。

まず、秋保大滝は『山形風流松之木枕』に立石寺僧円海が山形城主鳥居忠政《とりいただまさ》と争い、ここで呪詛を行ったと記される地である。ついで、石橋は岩をくりぬいて滝が流れる風景地である。傍らの奇岩が山寺七石の一つ立石であり、『山寺名勝志』には寺号のもとになったとも記される。

私は小学校五年生のころ父親に連れられてこの石橋を訪れたことがある。のちに中国浙江省台州天台寺の奥、石梁瀑布を訪れたときに不思議な既視感にとらわれ、奥山寺の石橋を思い出した（図15・16）。石梁瀑布は五百羅漢が出現し修業をした場所で、天台寺の聖地であった。岩体には、北宋末の有名な書道家米芾の「第一奇観」、さらには清朝末の有名な政治家康有為の「石梁飛瀑」の文字も刻まれている。奥山寺の石橋はこの天台宗の聖地、石梁瀑布に通じるものとして見出されたものであろう。立石寺の関係地は、奥羽山中

図15　奥山寺石橋

図16　中国浙江省台州の
石梁瀑布

の二口街道沿いに数多く刻みこまれているのである。

もともと立石寺の寺領は「円仁置文写」に記される広大なものであったというが、ときとともに変化してきている。現在の立石寺の境内域は、山下と山上さらに両者を結ぶ連絡路と周辺が中心となる。これは「山寺状絵図」と同じ空間を表し、この範囲が江戸時代にも境内域として重要であった。ついで「山寺宝珠山立石寺図」に表される、東側は「岩ノ沢」、西側は「地蔵堂」、南側は「米山薬師」、北側は「子安観音」の範囲が一山の範囲として重要であった。これ以外の奥羽山中にも、石橋あるいは秋保大滝や磐司岩などの立石寺由縁の地が広がる。これらを総合的に把握し寺域と見ておきたい。さらに江戸時代の立石寺所領は、東側が奥羽山中、西側が天童市高擶周辺から須川・最上川、南側が山形市の北部の青柳周辺に展開する。北側の天童市若松寺周辺を含む地域も重要であった（図17）。「円仁置文写」に寺領は三百八十町であり広大な範囲が示されるが、時代毎の社会的・政治的状況により伸縮を見せるものであった。変化の記憶を残すものに、来訪者伝承がある。

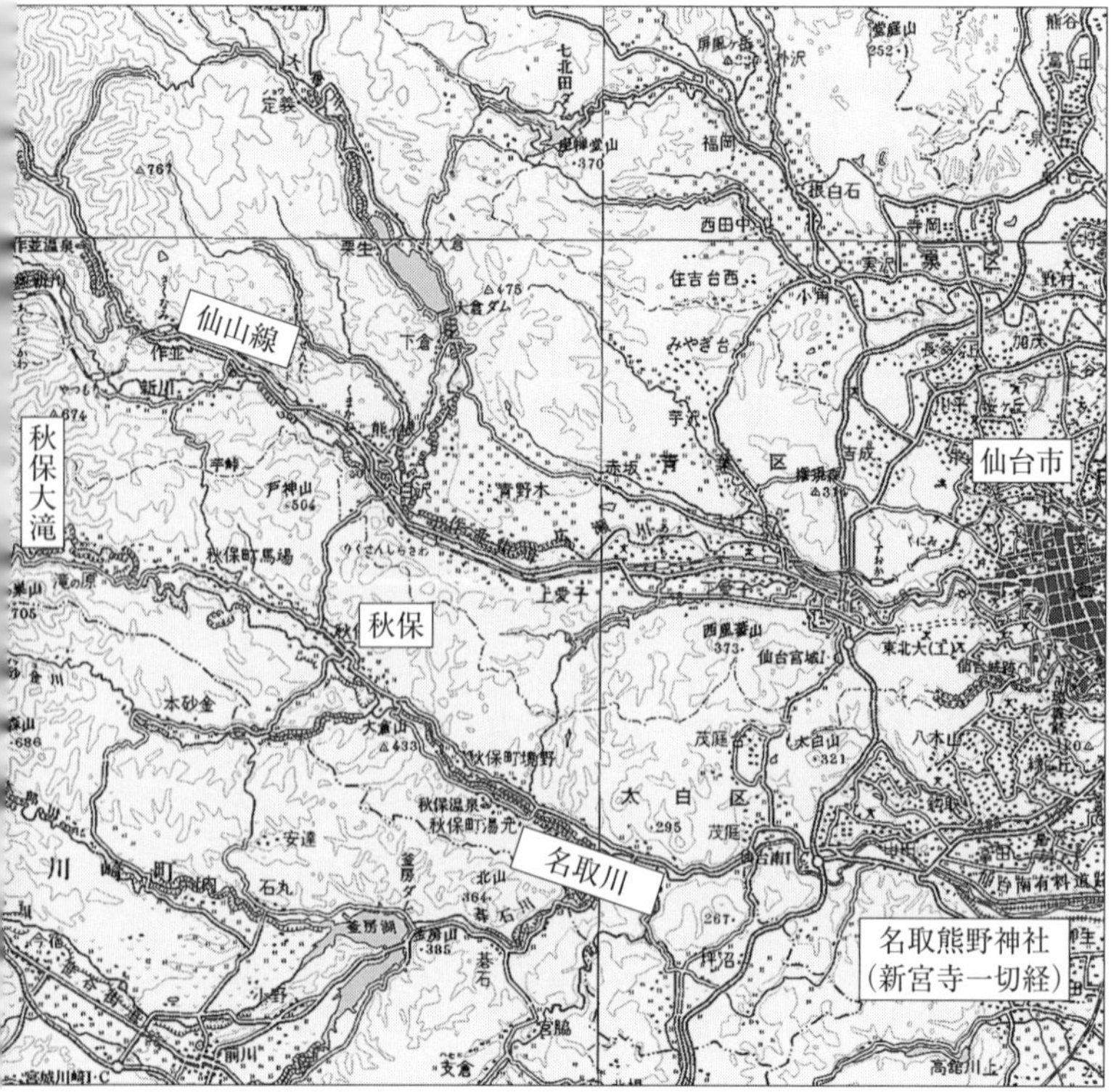

図17　立石寺と主要関係地

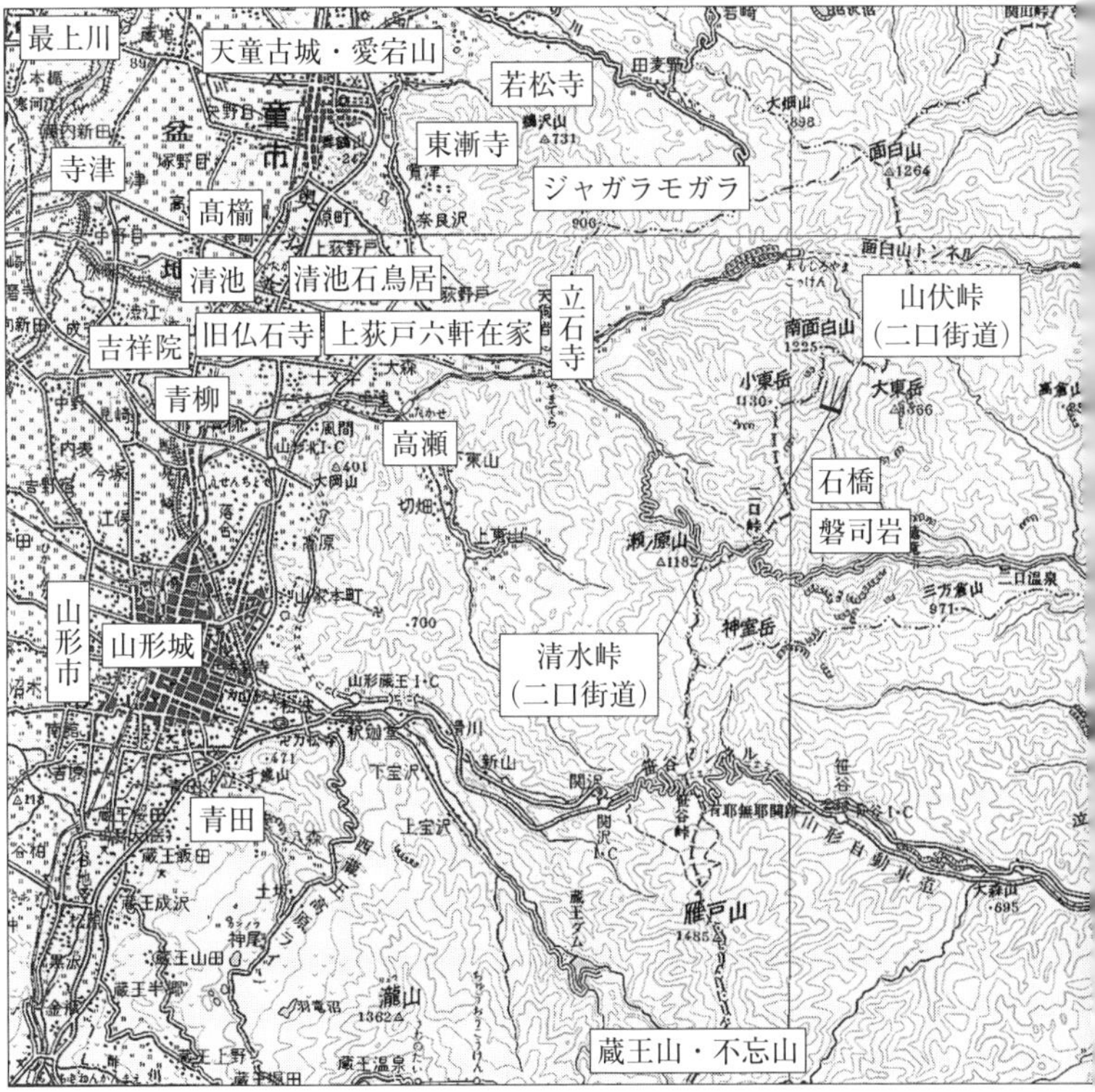
最上川
天童古城・愛宕山
若松寺
東漸寺
寺津
ジャガラモガラ
高櫤
清池
清池石鳥居
立石寺
山伏峠（二口街道）
旧仏石寺
上荻戸六軒在家
吉祥院
青柳
高瀬
石橋
磐司岩
山形市
山形城
清水峠（二口街道）
青田
蔵王山・不忘山

立石寺来訪

霊場立石寺へは平安時代から鎌倉時代の源義経・西行《さいぎょう》。鎌倉時代末の北条時頼。室町時代の画僧雪舟らが来訪したという。来訪伝承から何が読み取れるのだろうか。

来訪伝承を読む――西行・義経・時頼

まず西行（一一一八〜九〇）は平安期を代表する歌人として有名であり、『新古今和歌集』では入選数第一位。『吾妻鏡』文治二年（一一八六）八月九日条に、西行が平泉藤原氏の当主藤原秀衡（一一二二?〜八七）を訪問すると記され、「是請重源上人約諾。東大寺料為勧進沙金。赴奥州」とある。重源《ちょうげん》は治承四年（一一八〇）平重衡の焼き討ちで焼亡した東大寺再建を進めた。西行は平泉の藤原秀衡から東大寺再建の砂金寄付を受けるため訪問したのであった。ついで出羽国を訪問し、「たきの山と申す山寺」にいたり、「たぐいなきおもひいではのさくらかなうす紅の花のにほいは」と詠み『山家集』に収めている。訪れた「たきの山」は特定をこころみる議論が続いている（山形市史編さん委員会一九七三）。

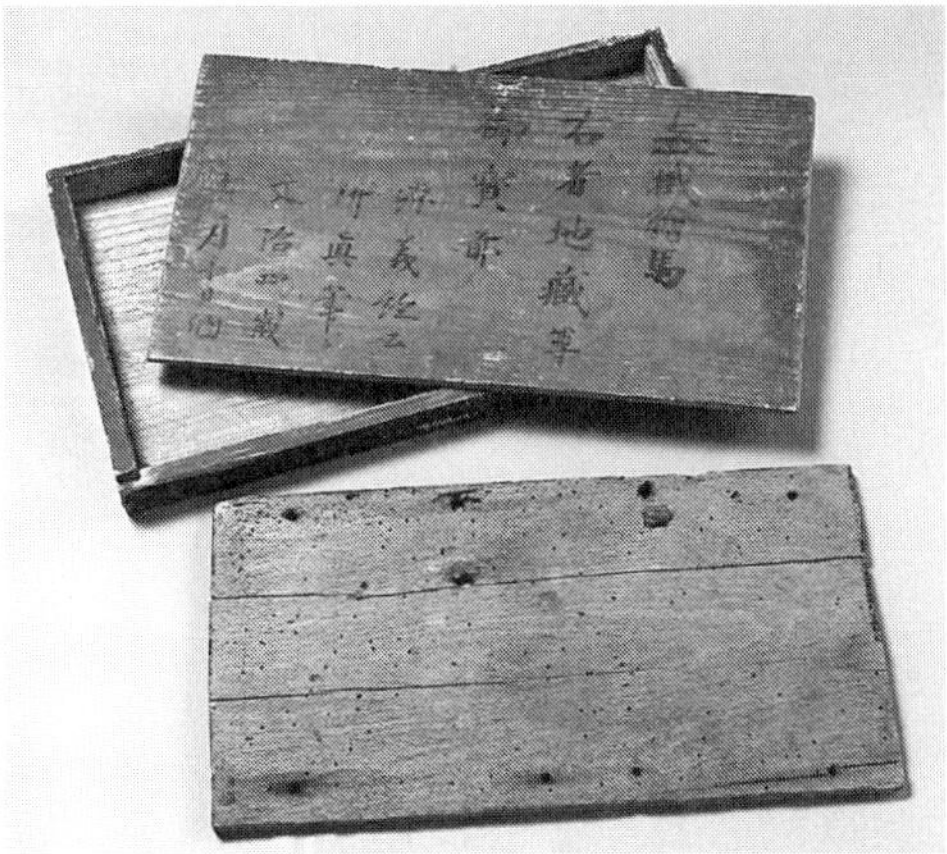

図18　伝源義経奉納額（立石寺所蔵，山形県立博物館提供）

西行来訪伝承は立石寺と平泉藤原氏との関連を暗示している。『山寺名勝志』は常行念仏堂を藤原秀衡の菩提所と記す。この地域への影響を知ることができる。地蔵堂に伝わる奉納額は義経所縁のものという（図18）。おそらくこの義経・秀衡・西行の伝承はひとかたまりであって、平泉藤原氏の勢力が十二世紀代に、この地域に強く及んでいたことを示すのであろう。同様のつながりは寒河江市慈恩寺、鶴岡市羽黒山にも残る。

北条時頼来訪

ついで『山寺攬勝志』に北条時頼（一二二七～六三）が立石寺の盛んであることを妬んで、禅宗へと改宗させたとある。北条時頼は、鎌倉幕府の最高権力者の執権で得宗主導の執権政治を確立した人物で、出家し最明寺殿ともいわれた。ひそかに諸国を遍歴し、治政・民情を視察した鉢木の話は有名である。なぜ山寺来訪伝承が成立したのか。時頼廻国の伝承は、北条得宗所領の拡大を示すという。

入間田宣夫氏は、宮城県松島円福寺（瑞巌寺の古名）と山寺立石寺（両者とも鎌倉期のある時期までは天台寺院）に着目し、鎌倉時代立石寺は北条時頼によって将軍家祈禱所となり、そのさいに禅宗化し「阿所川院立石禅寺」となったと指摘した（入間田一九八三）。立石寺所蔵文書の正慶元年（一三三二）「関東下地状写」の内容は、鎌倉幕府の影響下にあったことを示し、さらに関東御祈禱所となった可能性があるので、北条得宗の影響が立石寺に及んだことに符合する。

松島円福寺は禅宗寺院化し天台寺院に戻ることはなかったが、立石寺はのちに天台寺院へと戻ったのである。江戸時代の古地図に立石寺境内（根本中堂の西側周辺）に「阿所河院」という記述が残り、周辺に阿所河院関連の建築物などがあったであろうという（松尾一九九九）。この時期、寒河江市慈恩寺でも同じような動きがあり、一時禅宗寺院化していることが確かめられている（伊藤二〇〇〇）。全国的な政治状況と無縁ではなかったのである。

松島円福寺も禅宗に変わったとはいっても天台宗の勢力は一部に残った。立石寺の場合も天台宗の勢力は残り、のちに禅宗勢力を克服したのであろう。確認されている阿所川院の関係地は山下にある。山上には如法堂があり、天台宗で重要な如法経書写を伝え、延文四年（一三五九）にはその姿が見える。このあたりが復興の中心となったのであろうか。いずれにしろ、立石寺はさまざまな社会的状況に対応しつつ、法灯を維持してきたことを示している。

さて、残念ながら取り上げた三名の来訪について確実な史料は残されていない。しかし、立石寺を取り巻く社会的状況の記憶として見れば、歴史に相応し厚みを与えてくれる。話は変わるが、松尾芭蕉の立石寺参詣は確実であり、文学史に残る出来事であった。さらに、のちには論争も引き起こした。来訪者つながりで取り上げてみたい。

芭蕉参詣―セミは何ゼミ？

松尾芭蕉の立石寺参詣は、紀行文『おくのほそ道』に記され、名句「閑さや岩にしみ入蝉の声」を得たことは有名である。

実はこの句は近代に入り論争を引き起こすこととなった。句中に詠み込まれる「セミ」は何ゼミかというものである。論客は二人、近代日本を代表する歌人で山形県上山市出身の齋藤茂吉《さいとうもきち》（一八八二～一九五三）と、夏目漱石門下で当時、東北帝国大学教授の小宮豊隆《こみやとよたか》（一八八四～一九六六）である。茂吉は大正十五年（一九二六）雑誌『改造』誌上で、セミは「アブラゼミ」だと主張した。小宮は芭蕉参詣の時期を考え、「ニイニイゼミ」だと主張した。

初めて議論されたのは、昭和二年（一九二七）の春ごろ、神田の「末初」での夕餐《ゆうさん》であったという。小宮は芭蕉の俳句にあるセミは、アブラゼミではなくニイニイゼミに相違ないと話した。岩に染み入るセミの声は、アブラゼミよりもニイニイゼミがふさわしい。芭蕉の立石寺訪問は太陽暦だと七月の初めで、アブラゼミはまだ鳴かない。この二つを論拠とした。茂吉は認めずアブラゼミと主張し、知人や弟子を動員し現地調査を行った。昭和五年、弟子の結城哀草果《ゆうきあいそうか》は、小学校の児童に手伝わせ現地のセミを採集し、茂吉にその標本を見せた。結果、ニイニイゼミが大部分を占め、一部にはアブラゼミも混じっている状態であった。茂吉は「芭蕉が立石寺で吟じた俳句の中の蝉は小宮豊隆さんの結論の方が正しかった」とした。昭和七年、茂吉も誤りを認め、論争は終着したのである（齋藤茂一九四五）。セミの交代は今日までは〇〇ゼミで、明日からは〇〇ゼミと劇的に入れ替わるのではなく、徐々に◯◯ゼミが優勢になってゆくというものらしい。

重要な論点は、セミがどちらの種類であるかという自然観察の視点とともに、元禄の俳人芭蕉の写生感覚が奥底にあった。つまり、芭蕉の感覚で岩に染み入るのは、ニイニイゼミの声かそれともアブラゼミの声なのかである。立石寺にニイニイゼミの鳴くころに訪れた方は、ぜひその声をお聞きいただき、そして芭蕉の感性に共感していただければと思う。なお、相原一士氏のご教示によれば、この時期ヒグラシも聞こえるという。これは地球温暖化の作用なのだろうか。

各務支考と『愛宕山眺望之記』

芭蕉関連でもう一つ。

蕉門十哲（松尾芭蕉の弟子）の一人、各務支考《かがみしこう》は、元禄五年（一六九二）に芭蕉の「おくのほそ道」を追い行脚の旅に出、『葛の松原』をまとめた。この途上記したと考えられる『愛宕山眺望之記』が、山形県立博物館に所蔵されている。

愛宕山は、山形県天童市の市街地中央にある小高い山で、立石寺と敵対した天童氏の居城が構えられていた。最上義光との戦いに敗れ廃城となり、のちに愛宕神社（別当宝幢寺）が祀られるので愛宕山と呼ばれる。『愛宕山眺望之記』はもと宝幢寺の所有であった。

文考自筆か写しかは検討が必要だが、末尾に「元禄　月　日」（元禄年間〈一六八八〜一七〇三〉）と記され、箱には「（箱表）愛宕山眺望之記　宝幢寺什物　美濃国野盤子蓮二坊只黄自筆　（箱裏）安永九（一七八〇）庚子年五月出来　画工　表具師　八日町般若院」と残る。本文中に「野盤子」と「只黄」の名がある。野盤子は支考の別号である。只黄《しんこう》は支考に通じ、おそらく変名ではなかろうか。

『葛の松原』の旅では芭蕉が各地の関係者を紹介したらしい。羽黒山には、芭蕉の紹介状である「紙本墨書芭蕉手簡（図司左吉宛）」（山形県指定文化財）が残る。出発は元禄五年二月であり、『愛宕山眺望之記』には「弥生の末」と記されるので、三月末には当地にいたったらしい。

立石寺に支考が参詣したかは残念ながら記されないが、支考の旅は芭蕉の紹介のもと足跡をたどったらしいので、芭蕉が句を詠んだ立石寺に参詣した可能性は高い。

『愛宕山眺望之記』には、芭蕉も見た立石寺周辺の風景が記されている。抄録して現代風に直せば、「（愛宕山の）頂に登ってまわりを見渡せば、由緒ふかい風景が広がっている。千歳山（実方中将の伝説が残る）があり、最上川には船が浮かんで、愛宕山のそばまで寄ってくるように近い。千歳山のそばには恥川《はずかしがわ》（小野小町の伝説が残る）も清らかに流れている。恋の山には雪が白く残り、そこから、難所の笹谷峠の山々には白雪が消え残って、鹿の子供のような模様になっている。まだまだ寒いが、周りでは梅や梨が真っ白な花をつけて、若木山のかわいらしい姿、荒谷の松も見える」となろうか。

この風景には古層が潜んでいる。実方中将は藤原実方であり、小野小町とともに三十六歌仙の一人である。最上川は『古今和歌集』巻第二〇のうちの東歌に、「もがみ川のぼればくだるいなふねの　いなにはあらずこの月ばかり」が載る。恋の山はおそらく蔵王山のことである。蔵王連峰を総称する古名は「わすれすの山」と考えられ、『古今和歌集』六帖に「みちのくにあふくまかわのあなたにや人わすれすの山はさかしき」とある。この「わすれすの山」の関連地名は、山形県と宮城県の境をなす蔵王連峰に「不忘山《ふぼうさん》」として残る（伊藤一九九七）。和歌の内容は恋の歌であるから、ここは「恋の山」に相応しい。

描写された風景は、歌枕につながる内容なのである。おそらく芭蕉が支考にこの風景を見ることを助言したのであろう。そしてこれらは、芭蕉が立石寺を訪問したときに、出羽国の基礎知識としてあったものであろう。

次に、先ほど触れた一期～四期の時間軸を、各期ごとに詳しく検討し、中世霊場寺院の成立と変化を時間経過を軸に読み取ってみたい。

霊場を定める

古代の立石寺

立石寺《りっしゃくじ》がその姿を現すのは古代であり、一期の九世紀前後に徐々にその姿を明確にしだす。しかしながら霊場《れいじょう》寺院としてはまだ明確ではない。むしろ「立石倉印」などの存在が示すように、律令政府の庇護を得た古代山林寺院の性格が強いと考えられる。

立石寺と周辺の古代遺跡

立石寺がその存在を明らかにした九世紀ころ、山形県は出羽国であり周辺は最上郡であった。移民の力を得て地域経営を進めようとした時期で、遺跡（ムラ）数が爆発的に増加し、古代における地域開発の最盛期にあたる。平地の遺跡は寺院への物資の補給地であり、人材の供給地でもあった。

立石寺西側五キロほどの山形市上敷免《じょうしきめん》遺跡は、八〜九世紀のムラ跡であり、ST26竪穴住居跡から「□（浄カ）万下西寺」と墨書された須恵器坏が出土した。寺の前に複数の文字が見える場合一般には寺名であり、この墨書表記は小字名を冠する寺名である可能性が高いという（三上二〇〇七）。浄万という地の下西寺と読むことができようか。さらに八世紀前半の竪穴住居跡から、関東地方の土師器《はじき》に似る関東系土師器坏が出土した。関東方面の移民がこの地域にあったことを示す（渡辺二〇一九）。事実、この地域への北関東からの移民記事が残る。『続日本記』霊亀二年（七一六）九月二十三日条に、信濃・上野・越前・越後国の百姓各一〇〇戸が出羽国置賜郡・最上郡に移されると記される。円仁《えんにん》はこの近く、下野国（栃木県）の出身である。

円仁生誕地ゆかりの地名が存在

興味深いことに、立石寺の西側地域には、栃木県の地名と共通する芳《は》賀《が》（芳賀郷＝宇都宮市東側）、長岡《ながおか》（長岡郷＝宇都宮市北側）、梁田《やなだ》（梁田郷＝足利市南側）、阿蘇《あそ》（阿蘇郷＝佐野市一帯）があり、移民との関連が注目される。また、中世に立石寺は成生荘《なりうのしょう》の一部であるが、成生も栃木県の地名に存在した。栃木県矢板市長岡の堀越遺跡から、九世紀後葉〜十世紀前半代の土器体部に「成生庄　上」と記された資料が出土し、在地の富豪層の荘園経営の拠点である「庄家」

「庄所」と考えられている（田熊一九九〇）。宇野隆夫氏は、東日本の有力者の居館型荘所の一つと見て、寄進地形荘園や国免荘の可能性を指摘している（宇野二〇〇二）。当地の成生荘は金沢文庫に納められる、建仁元年（一二〇一）の『倶舎七十五法名目』奥書が初出である。年代が離れ直接の関係は不明ながら、円仁ゆかりの栃木県方面からの移民に関連し、古代に成立した地名を引き継ぐ可能性はあろう。

九世紀前後には立石寺周辺にムラが存在し、さらに須恵器・土師器を供給する窯も操業し、ムラには寺院も存在し、関東方面からの移民の痕跡が残る。さらに、古代印の存在から当初は律令国家の庇護のもとに成立した可能性がある。

「立石倉印」の存在意義

立石寺には一顆の古代印（図19・20）「立石倉印」が伝えられている。倉《そう》印《いん》は、奈良・平安時代に使用された諸国や寺院の倉の印のことであり、正税稲・宝物などを収納する正倉の管理のために使用され、寺院の財政権が独立していることの象徴と見られる。貞観二年（八六〇）、立石寺開創にあたり円仁が清和天皇から拝領した印（銅鋳製）と伝え、「おかないん」とも呼ばれている。

この印章の印面の文字は、立石寺山内への入場券に印刷されているので、ご覧になった方も多いのではなかろうか。

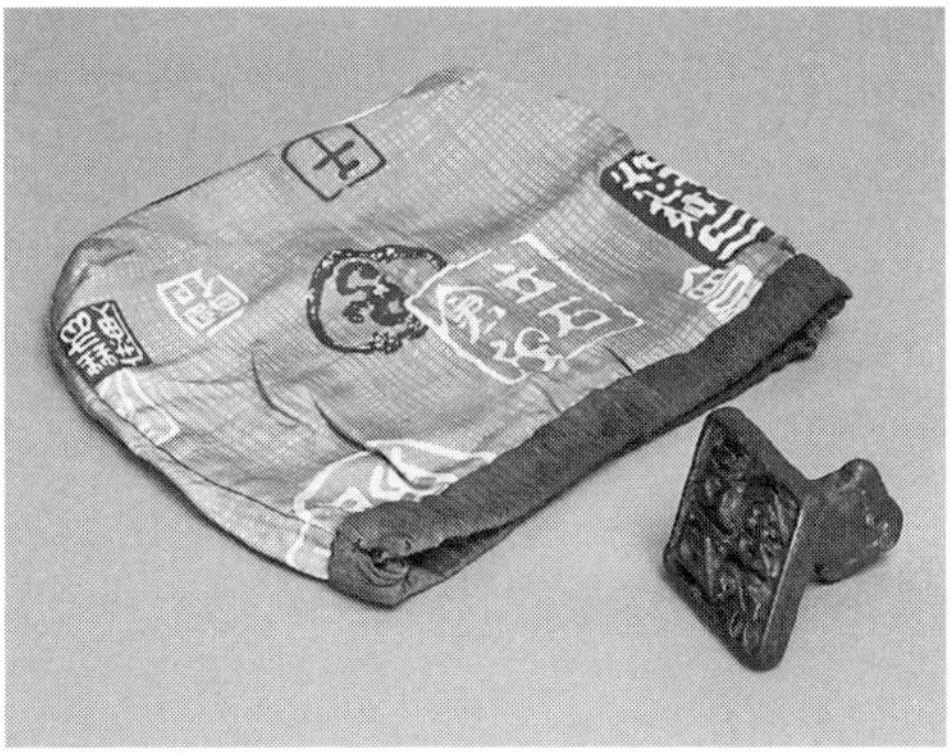

図19　立石倉印（立石寺所蔵，山形県立博物館提供）

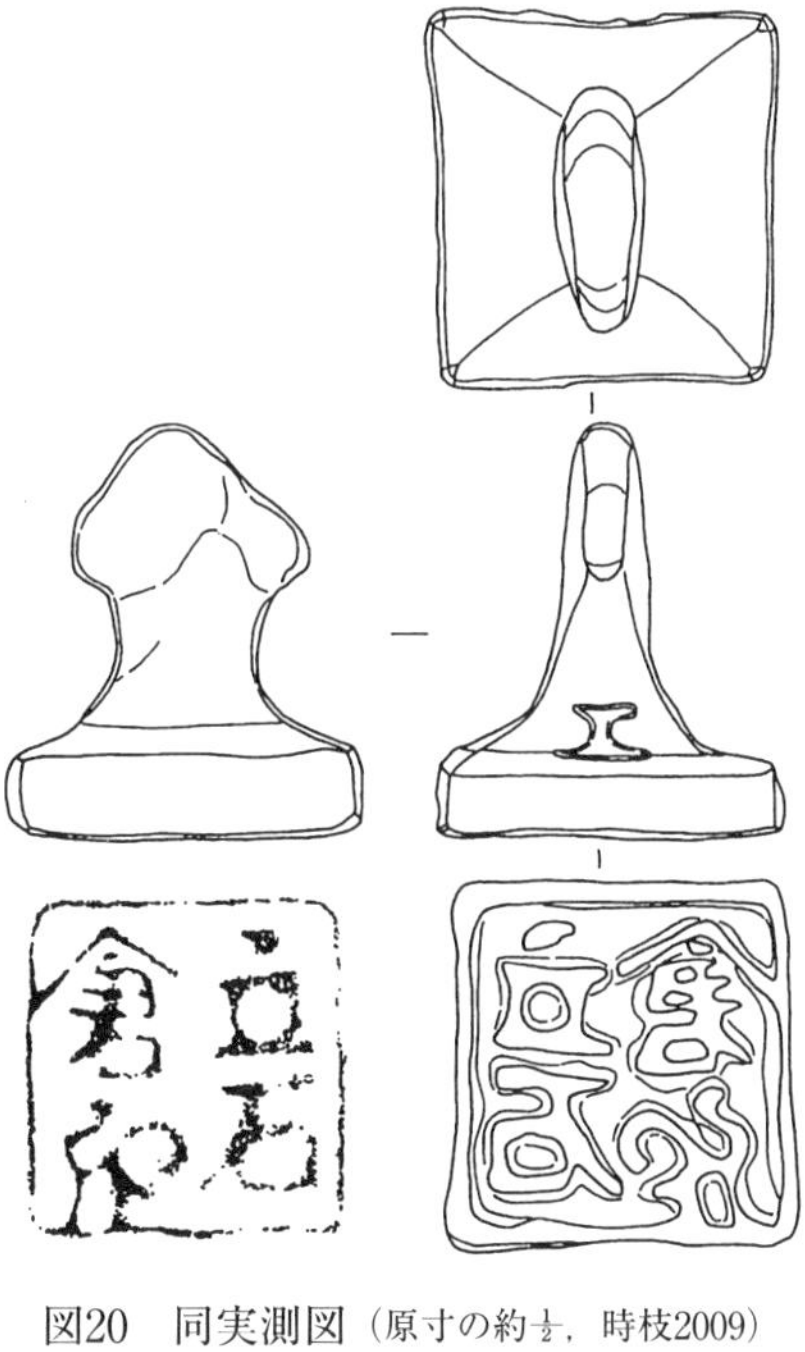

図20　同実測図（原寸の約½，時枝2009）

この印章は畿内近国以外に残された稀な古代印であり、江戸時代にはよく知られていた。享保十一年（一七二六）『山寺状』には、「立石倉印」四文字の鉄印を清和天皇から賜り今に残ると記される。寛政十二年（一八〇〇）松平定信編纂の古書画・器物・武具類を集成した、図集『集古十種』（印章部下）にも「出羽国最上立石寺蔵清和帝所賜」として収録された。

印の総高は五・五センチ、鈕幅三・四センチ、鈕厚〇・九センチ、印面側高〇・九センチ、印面縦四・八センチ、同横四・七センチ、蕃鈕で鈕孔はない無孔蕃鈕《むこうがんちゅう》で印面が方形を呈し、「立石倉印」の四文字と、鈕の基部に「上」が鋳出され、年代は九〜十世紀と考えられている。印の肌は被熱で荒れ、大永年間（一五二一〜二七）に火災にあったためと伝えられる。時枝務氏は印を古代印と考定し、立石寺と古代国家との結び付きを示す資料で「国印」などの公印に準じる性格を持つものと考えられる。その点に注目すれば、立石寺が定額寺などに列せられ、官からの経済的支援を得ていたことを推測」できると見た（時枝二〇〇九）。この時期の定額寺《じょうがくじ》に立石寺の名前はないが、印は立石寺が律令国家の庇護を受けた寺院として始まったことを示すというのである。

印面に記される立石を立石寺と見れば、九世紀から十世紀にかけて立石寺という寺名があったことを示している。印を下賜したという清和天皇在位とも年代は重なる。印面文字が四文字のため、寺が省略され「立石倉印」と記されたのだろうか。

「立石倉印」の類例

岸俊男氏は寺院倉印の一つとして「鵤寺倉印」とともに紹介し、寺院の正倉の印であるとした（岸一九七三）。鵤寺《いかるがでら》は奈良県の世界遺産法隆寺のことで、「鵤寺倉印」は現在、東京国立博物館に納められ国重要文化財となっている。平安時代九〜十世紀のもので、印面は方五・五センチ、全高四・九センチである。立石倉印よりも印面はやや大きく高さは低いが、無孔莟鈕である点などは同様で、制作年代も一致する。

この類例かと思われるものに、「薬□倉□」が集古十種に採録されている。印面は方四・五センチであり、立石倉印よりもやや小さい（平川一九九九）。「或所蔵印」と記され所蔵者は知られていない。また、有孔莟鈕であり立石寺・法隆寺例とは相違する。印面は荒れているが「薬□倉□」は「薬師倉印」と読みたいところである。薬師は奈良県の世界遺産薬師寺が想起される。薬師寺倉印とすれば、立石寺倉印と同様、印面の字数四文字に対応し「寺」を省略したと考えられる。寺の倉印は四文字であったのかもしれない。

寺の倉印として知られている事例は、管見のかぎり全国で三例のみである。いずれも方形の印面を持ち、一辺は五センチ内外で、印面は四文字で共通性は高い。知られている古代印の平均的値は、国の下の行政単位である郡の印（郡印）は一辺約四・五センチ、さらにその下の郷の印〈郷印〉は一辺約三・三センチであるという〈平川二〇一四〉。「立石倉印」は郡印に近いものとなる。

この地域には古代印がいくつか残っている。宮城県七ヶ浜町鼻節《はなぶし》神社蔵で明治時代に神社の改築にともなって出土した銅印「国府厨印」〈大平一九九九〉、福島県岩瀬郡天栄村志古山遺跡出土の銅印「丈□〈龍〉私印」〈平川一九九九〉。秋田県由利本荘市大覚遺跡出土の「佐」一字を持つ銅印、「佐」は城制の次官あるいは郡制の少領などの略字と考えられている〈平川二〇一四〉。また、立石寺から南西に一〇キロほど離れた城北遺跡〈山形城三の丸跡〉でも、平安時代九世紀半ばの竪穴住居跡から、石製の古代印が発掘され私印と推定されている〈須藤ほか二〇〇九〉。文書行政がこの地域に及んでいたことを示している。

「立石倉印」は「鵤寺倉印」と同様、寺院正倉の管理に使われた可能性がある。残念ながら倉印が押印された文書は存在しない。さらに、同様の印を伝えた、法隆寺と薬師寺は奈良の大寺院であり官寺である。立石寺は遠く離れて出羽国にある。なぜ共通して倉印が存在するのか、なぞは深い。

古代立石寺はどのような伽藍配置を取っていたのであろうか。安置された仏像は九世紀まで遡るので、当然堂舎も遡ると考えられる。現在までの発掘調査で平安時代の遺構が確認されたのは、山下の根本中堂とその付近である。

古代立石寺の伽藍配置

立石寺根本中堂は山下の中心建物である。明治四十一年（一九〇八）四月二十三日に内務省告示第四十三号により特別保護建造物に指定され、のち昭和二十六年（一九五一）八月二十九日、重要文化財に指定された。解体修理の必要性があり、昭和三十六年一月十一日から関連工事が開始された。同時に基壇の発掘調査が行われた（立石寺中堂修理委員会一九六二）。この修理は、山形市広報フィルム「重要文化財根本中堂解体修理工事の記録」があり、WEB上で見ることができる。ご覧いただきたい。

調査では基壇に梁行方向・桁行方向に沿ってトレンチ（発掘調査で掘られる溝）が入れられた。基壇は複数期の焼土層を含め五期からなり、それぞれに建物跡が見つかっている。飾金具・貨幣などの金属製品、赤焼土器、五輪塔《ごりんとう》などの石製品が出土した。

須藤英之氏は、「礎石心芯間の距離は梁行約一七m、桁行約一七mの規模で古い段階の礎石の上にさらに重ねて礎石が確認され、立石寺根本中堂の各期の建物跡は総柱建物であった（中略）最下層の検出面が、平安時代にあたる立石寺の創建年代に合致する時期まで遡り得るのか否かは明らかにできていない。ただし、出土遺物に赤焼土器が含まれるため、基壇の築造工事に及んだ際に、周囲に平安時代の遺跡が所在した、あるいは平安時代の遺構を破壊して築かれたものと推定できる」と見た（須藤ほか二〇〇九）。赤焼土器が使われるのは九世紀代であるから、基壇を持つ礎石建ちの建物は平安時代前半となる。礎石建物は寺院建築に多い。さらに、平成十一年（一九九九）には山形県教育委員会により、立石寺本坊の東側で確認調査が実施され、大型礫と赤焼土器片などが出土した。

以上からすれば、根本中堂と本坊の乗る南向きの平場には、九世紀平安時代の遺構が広く存在する可能性がある。しかしながら、平場は河岸段丘で南北に狭く東西に長い。この地形的制約により、平地寺院の伽藍配置をそのまま持ち込むのは無理がある。

古代寺院で地形に応じて伽藍配置を行った事例がある。九世紀後半から十世紀にかけて山頂の平場に営まれた福島県棚倉町の流《ながれ》廃寺がその一例である。ここでは一本の尾根筋に沿って並列する一三ヵ所の平場に、九棟の建物跡が直線的に並べられていた（福島県棚倉町教育委員会二〇一一）。これを参考とすれば、東西に延びる段丘上に、直線的に堂宇が配置されるのかもしれない。

さて、山上の平安時代の状況が気になるところである。山上の発掘調査は石積み崩落後復旧工事にともなう限られた部分の調査だけであり、平安時代の遺構遺物は見つかっていない（天台宗宝珠山立石寺二〇〇五）。ただし、「立石倉印」は山上の中心如法堂に伝えられたものであり、平安時代末には如法経所碑が建てられている。当然山上にも九世紀代の遺跡が営まれているのだろう。

以上、古代立石寺の様相について検討した。次に話題を転じて古代立石寺をとりまく人々の動きについて考えてみよう

山と平野を移動する僧侶たち

山岳地帯は、仏教の修行の場として重要であった。現在の境内地よりもさらに奥、磐司磐三郎《ばんじばんざぶろう》ゆかりの山岳地帯に、山林抖擻《さんりんとそう》の修行の場とともに、立石寺に関連した山林修行の堂宇の存在が考えられる。たしかに、八世紀末〜九世紀初成立の最古の仏教説話集『日本霊異記』（下巻第一四話「千手呪を憶持つ者を拍ちて現に悪しき死の報いを得る縁」）に、「時に京戸小野朝臣庭麿といふひと有り。優婆塞と為り、常に千手の呪を誦持つことを業とす。彼の加賀郡の部内の山を展転りて修行ふ。」と記され、小野朝臣庭麿《にわまろ》が、加賀郡内の山を点々とし、経を唱え修行すると語られる。磐司磐三郎の世界であった、奥羽山中に籠って修行する人々の姿が重なる。

ただし山中ばかりが修行の場ではなかった。『続日本後紀』承和四年（八三七）六月丁酉条に「済苦院」を設けるとある。これは立石寺西側の平野部、山形市漆山守国山吉祥院（天台宗）にあたるという。ここには七体の平安仏が残され立石寺の仏像群との同時性がある。おそらくこの寺と立石寺は関係し、僧の往来なども行われていたのであろう。里から山中へと僧たちは往来し活動をしていたのであろう。

さらに、この時代の立石寺の存在は陸奥国との国境に位置するという、地理的位置が重要であったと考えられる。つまり、災厄が出羽国に侵入しないよう、強力な宗教的呪力で安寧を守護することが、存在意義の一つであったのかもしれない。

根本中堂に祀られた仏像に薬師如来と毘沙門天がある。薬師如来の元久二年（一二〇五）修理銘の立石寺根本中堂木造薬師如来坐像銘には「□□（七仏）薬師如来像幷日光月光」菩薩と記されている。七仏薬師を本尊として息災増益を祈る七仏薬師法は、災厄を取り除く験が強く、天台宗では四箇大法の一つとして盛んに行われた。毘沙門天もそうした験力が強い。長坂一郎氏によれば、立石寺根本中堂毘沙門天立像は平安時代前期九世紀半ばの制作であり、その形式は延暦寺根本中堂四天王多聞天像と一致しているという。延暦寺と立石寺に同じ形式の像が同時期に存在したことは、立石寺の天台宗の中での位置づけの高さを示すという（東北芸術工科大学・山形市教育委員会二〇一二）。なお、現在も延暦寺では薬師如来と毘沙門天の修法が行われている。

次に視点を変え、国境の寺院である立石寺の位置に注目してみよう。ここは、陸奥出羽連絡路の主要街道を把握し、陸奥国府域から最短で京都へ出る交通路の要所に位置するのである。

街道と立石寺

慈覚大師を助けた磐司磐三郎

霊場が場所を定めるには、地理的要素も重要であった。街道を把握することは霊場を行き来する人々の往来安全、さらには経済基盤確立のためにも重要であった。立石寺に関係深いのが二口街道《ふたくちかいどう》である。

ここには興味深い伝承が残る。もと立石寺の地は磐司磐三郎という狩人（マタギ）の住処であった（図21）。磐司磐三郎（一人とも兄弟とも）は対面石で慈覚大師《じかくだいし》と対座し、一山を譲ったと伝えられる。これにより、立石寺一帯は仏地となり、狩人の生害の危険がなくなった動物たちは、感謝の踊りを捧げたという。現代に伝わる、民俗芸能のシシ踊（鹿子舞）は七月七日（旧暦）に行われ、磐司磐三郎の祠の前で踊られている。

図21　磐司磐三郎木像
（立石寺所蔵，山形県立博物館提供）

図22　磐司祠（同所蔵，同提供）

磐司を祀る祭礼は江戸時代には存在する。寛延二年（一七四九）『立石寺役田帳』には、「七月八日　一、磐治祭幡　毎年壱度」とある。磐司祭は幡を仕立てて行うにぎやかな祭礼であり、さらに「一、磐治堂掃除役　常住」とあり恒常的に掃除され、守られている。磐司祠は重要性の高い堂舎なのである（図22）。

さて、この磐司とは何者なのであろうか。日本民俗学を大成した柳田國男氏は、立石寺の『山立根元之巻《やまだちこんげんのまき》』により磐司磐三郎を「……磐神はすなわち岩の神で……」あると見た（柳田一九二八）。『山立根元之巻』はマタギ（東北地方を中心とする山間地の古い伝統を持った狩人たち）に伝えられる巻物で、狩猟行為の正当性（清和天皇から全国山中の狩猟許可を得た）証明である。慈覚大師と対面石で対座し一山を譲った磐司とは、岩の神でマタギの神なのであった。

二口街道沿いには磐司の名を持つ巨岩がある。宮城県側名取川上流の二口沢と大行沢の中間にある磐司岩は、高さ一五〇メートルもの垂直な岩壁が三キロ以上の長さに連なるもので、昭和二十年（一九四五）二月二十二日に国指定名勝に指定されている。磐司伝説は陸奥国と出羽国を東西に結ぶ二口街道に沿って広がり、立石寺に結ぶのである。

さて気が付かれた方がいるだろう、磐司、あるいは磐司磐三郎が岩の神で、狩人に関係があれば、全国に広く存在するのではなかろうかと。実は日本各地の霊山に、その名（静岡県賀茂郡東伊豆町天城山周辺に万三郎岳、すぐ隣の伊豆市菅引には万二郎岳など）が残る。北関東から東北の山々に縁が深く、山の神を助ける狩人の兄弟（青森県岩木山には万字・錫杖）、マタギの祖先などの名として伝わるのである。

とくに有名なのは日光開山伝承に関わる磐司磐三郎である。日光は世界遺産として知られているが、もともとは関東平野の北辺に位置する霊山男体山《なんたいさん》を中心とする信仰が基点であった。山頂には古墳時代、奈良・平安時代、さらには中世から近世にいたる祭祀遺跡が営まれている。この地の万（磐）三郎伝説は以下のようなものである。日光の権現は上野国赤木の権現（赤城山）とたびたび戦をし、赤木はムカデの形を取ったので、日光は大蛇の形で戦うがなかなか勝てない。日光の権現は、万三郎が助力をし赤木の権現を倒せたら、日本国中の山々で狩りを認めると約束した。結果、日光の権現が勝利し、万三郎は国中の狩猟御免を認められ、日光山の麓に正一位伊佐志大明神として祀られた（柳田一九二八）。日光でも磐司に連なる神は祀られているのである。日光と立石寺は関係が深い。

慈覚大師を立石寺に引き寄せ、山寺に残る磐司磐三郎伝説のもととなった磐はどこだろう。それは山寺駅から北側に見えるそそり立つ巨岩、百丈岩《ひやくじょういわ》と思われる。誉田慶信氏はこの百丈岩（入定窟・経堂・開山堂・磐司磐三郎祠が集中）を立石寺で最も神聖な空間と見た（誉田一九九五）。正嘉元年（一二五七）に常陸国で記された『私聚百因縁集』（慈覚大師が東北地方で開いた寺院の書上《かきあげ》）には、立石寺に「デワノタテイシテラ」とルビをふる（愚観・吉田一九六九）。この時期、立石寺は百丈岩に因みタテイシテラと発音されたのであろう。百丈岩の膝元に二口街道が東西に延びる。

立石寺と交通―二口街道

古来、奥羽山脈を越えて山形（出羽国）と仙台（陸奥国）を結ぶ交通路として、南に「笹谷越え」、北に「関山越え」があり、中間の「二口越え（二口街道）」は、陸奥側の仙台と出羽側の山形を最短で結ぶ主要交通路であった（図17）。峠越えに南北二つのルート（口）があるので二口峠という。

街道に沿って太平洋へと流れる川は名取川であり、名取老女や実方中将など数々の伝説に彩られ、西行《さいぎょう》が「名取川きしの紅葉のうつるかげは同じ錦を底にさへしく」（『山家集』）と詠んでいる。交通路は平安時代には利用され、歌枕の地として都にまで知られていたことを示す。

峠越えの南側ルートは清水峠から山形市高瀬地区を通り、南下し城下町山形へ向かう。北側ルートは山伏峠から立石寺の門前を通り、西へ向かったのち南下し城下町山形へ結ぶ。

山形市街地への入り口は「二口橋」であり、現在もその名をとどめている。

立石寺は街道の整備に関与していた。『山寺名勝志』には「本村より宮城県に通ずる山嶺を山伏峠といひ、其の南、高瀬村より越ゆる山嶺を清水峠といふ。因て後世之を二口峠と称す。而して立石寺奉行本間出雲守、大いに山伏峠の道路を修めしより清水峠は殆んど廃道となり単に山伏峠を二口峠と称するに至れり」、立石寺から山伏峠を越えて陸奥側に結ぶ道が主体で、整備は立石寺の奉行本間出雲守によって進められたと記される。近世二口街道は、立石寺の権益のもとにあったことがわかる。これは中世でも同じであったのではなかろうか。初代山形県令三島通庸《みしまみちつね》が、北方の関山峠（現国道四八号）にトンネルを掘鑿し新しい道路を開通させたのち、二口街道の交通量は減少、山寺地区が経済的痛手を被ったというのは、権益が失われたからであろう。なお、街道は現在その名残をとどめるのみである。

中世街道の交通網をいつだれが整備したのかは、実はほとんどわかっていない。鎌倉街道という古道が関東地方を中心として残されているが、これは鎌倉へ向かう道ということであって、鎌倉幕府がこの道を作ったり管理したりするということとは違っている（岡二〇一九）。少なくとも現代の国道や県道或いは市町村道のように、国・自治体が一元的に管理・整備したわけではなさそうである。寺も道路を管理していたのであった。

二口街道を行き交ったモノ・人

この街道を通って陸奥国に運ばれたと考えられるものに、宮城県名取市新宮寺に伝わる国指定文化財（美術品）『新宮寺一切経』（寒河江市慈恩寺経が含まれる）がある。この校正のために立石寺の経巻『別訳雑阿含経』が借り出されている。奥書には永和三年（一三七七）紀年とともに「名取熊野堂以立石寺本一交了」とある。紀年は異筆であり校正時期は遡る可能性がある。新宮寺は立石寺から東へ約三五キロにあり、二口街道を通るのが最短となる。二口街道の往来を証明する一つであろう。

時代は下り、明治時代を代表する偉人の一人、陸奥宗光《むつむねみつ》もここを通った。彼は明治十年（一八七七）に立志社の政府転覆計画に加担した疑いで逮捕され、山形市の山形監獄（現在の山形美術館周辺）に収監された。一年三ヵ月ほどのちに仙台監獄へ移送されるが、その途上立石寺の前を通り漢詩を残している（柏倉一九五四）。陸奥宗光はのちに第二次伊藤内閣の外相、日英通商航海条約などの条約改正を実現、日清戦争や講和条約、三国干渉に対処した近代の偉人であることはよく知られている。

立石寺と交通——百丈岩と街道

円仁入定《にゅうじょう》の百丈岩は街道とも関連した。佐藤弘夫氏は中尊寺《ちゅうそんじ》金色堂のご遺体と立石寺入定窟に納められた円仁の肖像彫刻、水沢市黒石寺《こくせきじ》の慈覚大師入定窟、さらには鎌倉に営まれた源頼朝の墳墓堂である法華堂の位置などに注目し、これらから発せられる視線が周囲の者たちには重要な意味があったと見た（佐藤弘二〇〇三）。入間田宣夫氏は代表的な中世都市である鎌倉と平泉の高所に位置する、源頼朝の墳墓堂である法華堂と平泉藤原氏のご遺体を納めた金色堂は、ここに祀られた者たちが発する視線に意味があり、これにより都市軸までもが規定されていったという（入間田一九九四）。百丈岩に入定する慈覚大師の強力な視線が、街道を往来する人々にそそがれ守護する風景となる。

実は河川の渡河点に巨大な露岩があり街道を見下ろし守護する、同様の風景がいくつかある。一つは栃木県塩谷郡塩谷町佐貫磨崖仏、もう一つは岩手県平泉町達谷窟磨崖仏である。いずれも主要路の河川渡河点の巨大な露岩に磨崖仏を彫り込んでいる。渡河点という交通難所に、街道を守護する霊場を設けたものであろう。磨崖仏の視線が街道を行き交う人々を守護した風景である。ここ百丈岩には磨崖仏が彫り込まれないが、慈覚大師の視線が存在することは、同様の意味がある。

慈覚大師の視線により守護される立石寺からの交通路（二口街道の西延長）は、最上川の川湊寺津へと結ばれていた。字境から直線道路の存在が復元できる。日本でもまれな平安時代の清池石鳥居《しょうげ》をくぐり抜

立石寺と交通—石鳥居と川湊

け、湊に面する日枝神社（図23）に接続する街道である。街道は平安時代末に遡るであろう。寺津とは寺の湊を意味し、寺とは道路で結ばれる立石寺であろう。日枝神社は、明徳二年（一三九一）に近江から最上氏《もがみし》を頼って移り来た寺津秀敏が寺津館を構え勧請した（天童市史編さん委員会一九八一）とも伝えられるが、もとより立石寺とより強い結び付きがあったのではなかろうか。さらに、街道途中の清池石鳥居は立石寺の表門という。

清池地区は政治的にも、重要な意味があった。鎌倉時代にここ清池（庄外）郷石仏寺に納められていた善光寺式三尊像の主尊、阿弥陀如来（現在は神奈川県横浜市港南区千手院）に、文永三年（一二六六）九月十五日「奉安置出羽国最上郡府中庄外郷石仏」と背面に陰刻される。この地が「府中」と記される土地であったことがわかる。

さて、府中とは主として中世に使用された、国府に由来する地名の一つである。国府とは国の行政組織自体かその所在地のことであるから、鎌倉時代にはこの地に出羽国府が置かれていた可能性を示す。立石寺は出羽国の政治的中心と結び付いていた可能性がある。

図23　日枝神社（天童市所在）

とすれば寺津と結ぶ街道は、出羽国府に関連する主要街道であったのではなかろうか。

近世もこの街道は重要であった。長井政太郎氏は、図24のように近世交通路を復元する中で、寺津は近世最上川舟運において重要な川湊であり、明治初年以前は寺津から二口峠を通して仙台方面への物資輸送が盛んであったと整理した（長井一九三七）。交通ハブである寺津と立石寺が結び付いていたことは、重要な意味があったのである。

さらに、寺津からは最上川で酒田へ下り、日本海舟運に結ぶことができた。

立石寺と七尾市海門寺

石川県七尾市海門寺《かいもんじ》は能登半島の七尾南湾に面し、現在の七尾港に近く中世府中

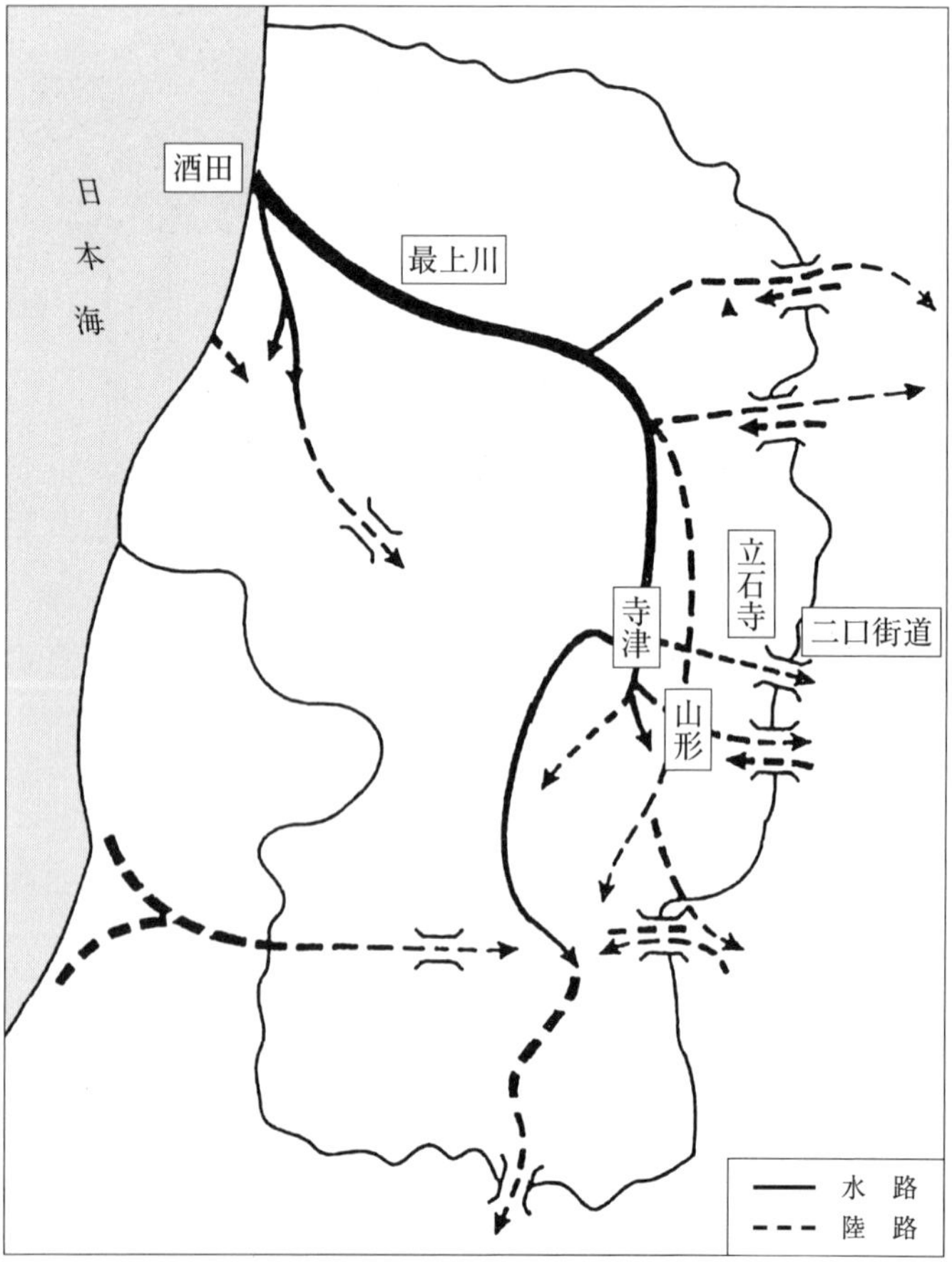

図24　山形周辺の近世交通路復元図

（出典）　長井政太郎「最上川の水運」『地理教育』4・5号，1937年をもとに作成．

（注）　実線は水路，点線は陸路，矢印は方向を示す．

の東側にあたる。驚くべきことに、所蔵の保元三年（一一五八）の木造千手観音坐像には、遠く離れた立石寺の神木を用いたと記される（図25）（七尾市史編さん専門委員会二〇一一）。像は、寄木造の平安後期の作で、像高六三・八センチ、膝張五二・四センチ、膝奥三二・六センチ、臂張三四・八センチを測る。頭上に頂上仏面と十体の化仏《けぶつ》を配し、合掌手・宝鉢手のほかに脇手を備え、右脚を上に結跏趺坐《けっかふざ》する。石川県内に所在する最古の在銘彫刻である（橋本ほか二〇一一）。平成十六年（二〇〇四）の解体修理にともない発見された、胎内墨書銘（図26）には次のように記される。

三尺五寸千手観音　小面十五躰　躰御身能登国阿修羅処　霊木申、小面十五躰出羽国
立石寺慈覚　大師霊木幷所々霊木申也、（中略）千手能登・越中及千□霊木也、保元
三年（年次戊寅）七月廿五日（壬午）日奉木札始、同年八月三日（庚寅）率奉造立始、
同年十月八日（甲午）開眼供養了、　願主平氏市井頼行幷　散位平□□紀氏

仏像の造営に銘木が求められ、躰部は能登国の阿修羅処の霊木、頭上にある小面十五躰は出羽国立石寺慈覚大師の霊木など、腕は能登国と越中国の霊木ほかを用いると記す。遠隔の能登の仏像に、慈覚大師霊場出羽国立石寺の霊木がことさらに重要であったのである。慈覚大師入定の霊場であったからであろう。平安時代後期に慈覚大師入定の処という伝承

図25　千手観音坐像
（海門寺所蔵，七尾市教育委員会提供）

図26　千手観音坐像胎内墨書銘
（同所蔵，同提供）

が広く知られるようになったことを表すと見られる。

想像を膨らませれば、立石寺で採取された木材は、清池石鳥居をくぐり最上川の川湊寺津へと運ばれ、湊町酒田に陸揚げされ、さらに日本海舟運によって七尾に向かったのであろう。このルートは天台宗がその影響力を発揮した交通路でもあった。

この時期の日本海舟運が盛んであったことを示すのは珠洲焼《すずやき》の流通である。七尾からほど近い能登半島の突端、珠洲市で焼かれた珠洲焼は、立石寺西側の大森山経塚《きようづか》で経甕に使われ、北海道まで活発に流通した。

日本海交通の枝先の一つは、立石寺へと結んでいたのである。立石寺境内の寺社にある白山・米山への信仰は、この結び付きの痕跡を示すものであろう。のちにこのルートは比叡山から分けられた不滅の法灯を携えた円海の帰路ともなる。

霊場に参り納める

三回にわたる入定窟の調査

入定窟金棺に納められたもの

入定《にゅうじょう》とは高僧が死去することを意味し、その場所は高僧の墓ともなる。立石寺《りっしゃくじ》には円仁《えんにん》の墓が守り伝えられている。山上百丈岩《ひゃくじょういわ》の頂《いただき》近くの窟（風穴）の一つに営まれているので、入定窟と呼ばれる。立石寺の最も重要な施設であり、堅く守られてきた聖域である。

ここに立石寺の格別の配慮を得て立ち入りが許され、山形県史跡名勝天然記念物調査委員会により三回の学術調査が重ねられた。一回目が昭和二十三年（一九四八）十一月一日、二回目が二十四年六月二十四日、三回目が同年十月二十四日と二十五日に行われた。まず立石寺入定窟調査の実際と調査成果を見てみよう。さらにその後の研究の進展を踏まえ、当初調査成果を再整理してみたい。

信仰の根幹に調査の手が入るとは、今ではなかなか考えにくいことである。昭和二十三年前後は、戦後の高揚した雰囲気の中で、従来は秘仏とされた仏像や、見ることさえかなわなかった文化財について調査が進められた時代でもあった。敗戦直後で、憲法も新しくなりそれまでの価値観が大きく変化した時代にあたる。昭和二十五年には朝日新聞文化事業団による学術調査として、岩手県平泉町中尊寺《ちゅうそんじ》金色堂平泉藤原氏四代のご遺体調査が行われ、入定窟の人骨を分析された鈴木尚氏も参加している。

一回目の直後、昭和二十四年一月二十六日に法隆寺金堂の火災という悲劇が起きた。入定窟調査を二・三回目と続けた背景には、文化財を調査し記録にとどめ保全する必要性も考慮されたのかもしれない。なお、火災を契機として、昭和二十五年五月三十日、文化財保護法が制定されている。

調査目的は、慈覚大師《じかくだいし》の墓は二つ（立石寺慈覚大師入定窟・比叡山華芳峰慈覚大師墓）あるというがはたしてどちらなのか。宗教的尊厳を尊重しつつ、将来の国民信仰に寄与するために入定窟の扉を開け調査すると掲げられた（川崎一九四九）。調査には当時日本一流の研究者が参加し、学術報告書が刊行されている（山形県文化遺産保存協会〈以下、山文保〉

一九五〇）。

第一回――金棺の発見

昭和二十三年十一月一日、立石寺住職清原英田師の理解と英断で入定窟の開扉が許された。県の史跡名勝天然記念物調査委員の軽部恭順・長井政太郎・川崎浩良・佐藤栄太・鈴木清助の各氏が調査者となり行われた。午前十時、清原英田師ほかの法要を得て、いよいよ開扉と拝観が始まった。佐藤栄太委員がまず入定窟内部にくぐり入り、外に向かって「金棺一つある」と叫んだ。慈覚大師の棺と伝えられる金棺が目の前に出現し、一同に緊張が走った瞬間であった（図27）。

川崎氏によれば慈覚大師入定窟は、「堅固な材を用ひ二重に釘付されていた。窟の広さは高さ三尺二寸、左右十三尺八寸、深さ（奥行）五尺五寸、其中に下に四寸の角材を敷き金棺を置き杉の覆箱を掛けている。覆箱の外側前面に貞享四年窟を厳封した由来を記した板札を打付け（中略）金棺は（中略）縦六尺四分、幅一尺六寸四分、高さ九寸、内側の深さ七寸八分あり用材は厚さ七分乃至八分（中略）金棺内に（中略）頭骨は見当たらずして其処に檜造りの一個の首が納められていた。（中略）金棺の蓋裏に長さ六寸、巾八分の小塔婆（木造五輪塔）を打付けてあった。（中略）全体を黒漆塗りとし全部金箔付としたもの（中略）棺内には其他多数の木の葉と梅の種と外に荼毘した骨片を認められた（後略）」（川崎一九四八)。金棺は杉箱で覆われ、杉箱中央に貞享四年(一六八七)の板札が張り付けられ、立石寺住持宗海が、金棺を保護し扉の破損を修理した旨が記されていたのであった。

板札に「去貞享三丙寅歳當山院主學頭立石寺住持に補せられ同四年中春日光山桜本院より此院室に下向」と記されていた。前年下野国日光の桜本院から住職として来山し、入定窟を保護したというのである。貞享年間前後はたくさんの岩塔婆《いわとうば》が造営される時期であり、立石寺への信仰が盛んになってきた時期とも重なり、江戸時代初めに荒れていた入定窟も整備保存されたのであろう。また、金棺は痛みがあり、底部側面の穴は元和四年(一六一八)の塔婆で塞いであった。これは一相坊円海《いっそうぼうえんかい》の火葬骨納入にともなっての行為と見ている(山文保一九五〇)。

図27　発見された金棺内部(『山寺の入定窟調査について』より)

発見されたのは金棺・覆箱・貞享四年板札・首・小塔婆そして人骨であった。見つかった「首」は円仁頭部だろうが、むしろ寛永十一年（一六三四）に死去した、一相坊円海の火葬骨に注目が集まっている。

第二回―慈覚大師木彫頭部調査

調査内容は文部省と東京国立博物館に伝わり、二回目の調査が翌年の二十四年六月二十四日に東京国立博物館技官小林剛氏により行われた。円仁の首、木彫頭部の専門調査であった（山文保一九五〇）。小林剛氏は、東京帝国大学で日本美術史を専攻したのち、昭和四年に東京帝室博物館美術課に勤務し、昭和二十五年九月には文化財保護委員会保存部美術工芸課に移り、昭和三十六年七月には奈良国立文化財研究所所長となっている。文化財行政に精通するとともに、日本彫刻史研究の第一人者であった（東京文化財研究所アーカイブ）。

調査には、村山道雄県知事・尾見社会教育課長・河内主事・佐藤栄太委員が同行した。小林剛氏は六月二十三日に山形に入り、二十四日立石寺にて調査、二十五日まで滞在し県内の彫刻について調査した。おそらくこの小林剛氏調査の時点で、木彫頭部が慈覚大師円仁の肖像であり、平安彫刻としての学術的評価がなされたのであろう。また、山形県知事が調査地に訪れるなど山形県内部でも、調査の重要性が認識されるようになったことがわかる。

第三回——人骨調査と人物比定

さらに調査の情報は各方面に広まった。三回目の調査が同年十月二十四日と二十五日に行われた。この調査はもっとも規模が大きく、二日にわたった。川崎氏は、「参加者は博物館技官小林剛氏と、東京大学人類学助教授医学博士鈴木尚氏（報告書では国立博物館資料課米田太三郎氏を追加）、理研文化ニュース員等三名を同行、午后直ちに山寺に向かったが、此時県よりは、尾見課長、河内主事、柏倉山形大学助教授、佐藤栄太調査員と私（川崎浩良）が同行し、増子山寺村長も列席、清原住職外山内一同開山堂にて供養奉仕あつた後、日没まで調査を行った。翌二十五日も朝より継続して調査に入つたが、鈴木博士の真剣な調査は此日も日没に至って漸く終え、此間引きつづき約十時間を要した。（中略）参加者は尾見課長、河内主事、佐藤、長井、軽部の三委員及丸山（力）、山口の両保存協力会員と私（川崎浩良）とであったが、此日東北大学の古田教授、工藤山形大学教育学部教官も来会、それに各新聞社員十余名も来会したのみならず、氏家、富樫、柳生其他天台宗派の住職等の法衣姿も見え洵に荘厳なものがあった」（川崎一九四九）という。

そうそうたる面々が訪れている。鈴木尚氏は東京帝国大学医学部解剖学教室で古人骨を研究し、日本各時代の骨格の発見と研究に取り組んだ。中尊寺金色堂平泉藤原氏四代のご遺体調査、徳川将軍家歴代将軍のご遺体調査などを実施している。一般向けの著作も多く、日本古人骨研究の第一人者であった。私も学生時代に、考古学に必要な人類学の知識を得るために、『日本人の骨』を読んだ覚えがある。米田太三郎氏は東京帝室博物館学芸課に写真撮影担当職員として採用され、のちに東京国立博物館写真室長となった（日本写真家協会二〇一八）。調査写真撮影にも配慮したことがうかがわれる。このほかの参加者には、山形大学の考古学の教員であった柏倉亮吉氏（のちに根本中堂修理にともなう発掘調査を実施）。日本中世史の教員であった工藤定雄氏。さらに東北大学文学部の近世史の教員であり、奥羽史料調査部（東北・北方史料調査の拠点）の重鎮であった古田良一氏などが見え、関心の高さを示している。

調査成果は『山寺の入定窟調査について』としてまとめられた（山文保一九四九）。戦後すぐの時期の調査報告書であるが、陣容がそろい非常に優れた内容であった。これとともに、昭和二十四年九月三十日の『東京新聞』にも掲載され広く知られた。理研（理研科学映画株式会社）映画『文化ニュース』も作製された可能性があるが、残念なことに確認できていない。なお、現在は金棺と慈覚大師頭部は公開されていない。

報告書の内容に沿いながら当初の成果を確認してみよう。最初に鈴木尚氏の人骨調査成

図28　記録を取る鈴木尚氏（『山寺の入定窟調査について』より）

果、次に円仁頭部調査成果と進もう。

五号人骨が円仁か

金棺内部には板札・頭部肖像彫刻・小塔婆とともに複数の人骨が納められていた。調査は開山堂に遺骨を移して行われたと思われる。遺骨を机上に並べ、一つ一つを手に取りながら記録を取る鈴木尚氏の写真が残っている（図28）。この中に慈覚大師の墓所の確定に結び付く、円仁自身の骨は含まれているのかいないのか、緊張感が漂っている。結果、金棺内部には、火葬・非火葬の人骨が五体納められ、さらに女性骨が含まれていたことが判明した。

まず、当初報告（人骨五体）に従って見てみよう。鈴木尚氏による詳細な人骨調査によって明らかになった内容は次のようになる（＊は鈴木一九八九による補足）。

一　火葬骨

・第一号人骨　熟年男性（＊頭頂骨後部のみ）

・第二号人骨　老年男性（＊後頭骨上端の骨片のみ）

二　非火葬骨

・第三号人骨　熟年女性、推定生前身長一五〇センチ（＊四肢骨のみ、黄褐色になっている）

・第四号人骨　老年男性、最も骨格が整い、一部軟部がミイラ化して付着、推定身長一六〇センチ（＊頭部はないが、棺内人骨のうち、最も整っている。黄褐色）

・第五号人骨、熟年以上男性、四肢骨四本（右橈骨・左右大腿骨・右脛骨）、推定身長は第四号人骨に近似（＊四肢骨のみ灰白色を呈し長期にわたる腐食作用が見られる）

鈴木尚氏は、「若し慈覚大師の遺骨があるとすれば第三・四・五人骨のうちのいずれかでなければならない。然も第三号人骨は女性であるから問題は第四・五号人骨のいずれかに縮小される。既に述べた様に第四・第五人骨では骨の性状に相違がある。今若し両人骨が保存され来たった条件が同一か又は近似すればこれらの性状の相違は、通常第四号人骨が第五号人骨より新しいことを物語るものである。（中略）私は慈覚大師の遺骨が若し確実に棺内にあるとするならば第五号人骨が最も可能性があると考えている」と考察した（山文保一九五〇）。右橈骨・左右大腿骨・右脛骨の四本の四肢骨、頭骨を欠く第五号人骨が慈覚大師の可能性があると見た。

一相坊円海と春還芳公が追葬か

では、立石寺の最も聖なる場所入定窟で、慈覚大師とともに安住の場所を得たほかの人骨は、どのような人物なのであろうか。川崎浩良氏は「円海置文」などの史料に拠り人物比定を行い、歴史的人物を遺骨の人物にあてた（山文保一九五〇）。まず、鈴木尚氏の見解に従い第五号人骨の熟年以上男性を慈覚大師円仁のものと考定した。

ついで荼毘骨（火葬骨）であるが、老年者一人（第二号人骨）を、中興開山の一相坊円海にあてている。一相坊円海は「円海置文」を残したその人であり、立石寺中興の僧である。まさに金棺に納められるべき人物である。『山寺攬勝志《やまでららんしょうし》』に一相坊円海は寛永十一年に百十八歳で死去し、火葬骨を開山堂の「千丈巌之洞窟」に納めたとある。

百十八歳は非常な長寿であり、この文章を読んだときに驚いた。栄養状態も悪い時代にこのような長寿は本当なのかと思ったのであるが、考えてみると、この時期同じく長寿を全うした天台僧に有名な南光坊天海《なんこうぼうてんかい》がいる。徳川家康の帰依が厚く上野寛永寺を創建した。円海ともつながりがある。天海は寛永二十年に死去するが、百八歳（天文五年を生年とする数え年）の長寿であったというから不思議な縁を感じる。

ついで、非火葬骨の第三号人骨の熟年女性であるが、不滅の法灯の比叡山からの帰還に助力した春還芳公にあてている。この女性の助力がなければ、円海はのちの復興を果たすことはできなかったのであるから、功労に報いたのではなかろうかというのである。これまた金棺に納められるべき人物である。なお、報告書では春還芳公禅尼を中野義清妻とするが、齋藤仁氏は最上義定妻と考定している（齋藤仁二〇一六）。本書ではこの説に従いたい。

さて、問題は非火葬骨の第四号人骨の老年男性であるが、立石寺開創に関係する安然大師《あんねんだいし》にあてている。安然は平安時代前期の天台僧であり、出羽国天台宗の普及に力を尽くしたから、金棺に納められるべき人物として相応しい。しかし、調査の結果はこの骨は最も整っていて新しいとされた。鈴木尚氏は「いま最近の骨だといっても一向構わないぐらい新しいもので、しかもまだ靱帯が残って」いるという（山文保一九五〇）。少なくとも平安時代に遡るようなものではなく、別の人物にあてる作業が必要となるであろう。貞享四年に宗海がこの岩屋を封鎖して以来出入りがないと仮定すれば、このころの立石寺僧をあてることができるかもしれない。なお、もう一体の一号人骨については述べられていない。結果としてではあるが、のちに一・二号人骨は同一人と考定されている。

かくて慈覚大師円仁の骨は、五号人骨にあてられた。この骨には古い時代の特徴があり、唐にまで渡り修行したということに結び付く頑健さが認められ、土葬した骨を掘り起こして金棺に納めるという行為がうかがわれ、頭部の骨を欠いてそれを肖像彫刻に置き換えるという、特殊な状況で納められていると見た。まさに慈覚大師円仁に相応しいと考えられたのである。

四十年後の訂正と確認

約四十年後になるが、鈴木尚氏は昭和二十四年調査で人骨合計五体としていたものを四体に訂正した（鈴木一九八九）。当初の五体を火葬骨の第一号人骨熟年男性と、第二号人骨老年男性を同一人（円海）のものとしたのである。のちの著書でも五体ではなく四体という立場を示し、見解を確定している（鈴木一九九八）。さらに、円仁と推定した五号人骨について補足し「（四号人骨よりも）身長が低かった（中略）体格というのは非常に鍛錬された（中略）健脚であった（中略）（骨の）表面が溶けたようになっておりまして（中略）どこかに一ぺん埋葬されたものを後世、後世といってもそう後ではなくて、適当な時期に移されたものと、そういう骨の状態をしております」と整理した（鈴木一九八九）。

つまり五号人骨は身長が低くて、しかも健脚であり、一度土葬されていたものを後世掘り起こし、さらに移したという特徴が認められるというのである。次に木彫頭部について確認してみよう。

慈覚大師木彫頭部調査の評価

小林剛氏は金棺内部の首の肖像彫刻について、実に魅力的な論を展開された。全長二二・一センチ、顔だけの長さが二〇・三センチ、幅が一六・六センチ、ケヤキ（シオジとも）の一木造りで、わずかに胡粉下地の跡が残る。ほぼ実物の頭部の大きさであり、かなり写実的で眉の作りに特徴がある。高僧の理想的な形が作られる、平安時代の早いころの彫刻である。また後頭部が平らにそがれていることから、仰向けに置くことを意図して作られていると見た。山形の地方仏師の作ではなく、中央の正統な仏師の作と見られるという（図29）。

円仁は貞観六年（八六四）に比叡山にて没するが、最澄の墓所がある比叡山山中には墓所を設けることを禁じたという。小林氏は、「遺骸は取り敢えず附近の「華芳」に一時葬られたがその後彼の遺言を尊重した弟子達がかつて彼が東北地方を巡錫した際に開いた立

（左側面）

（正面）

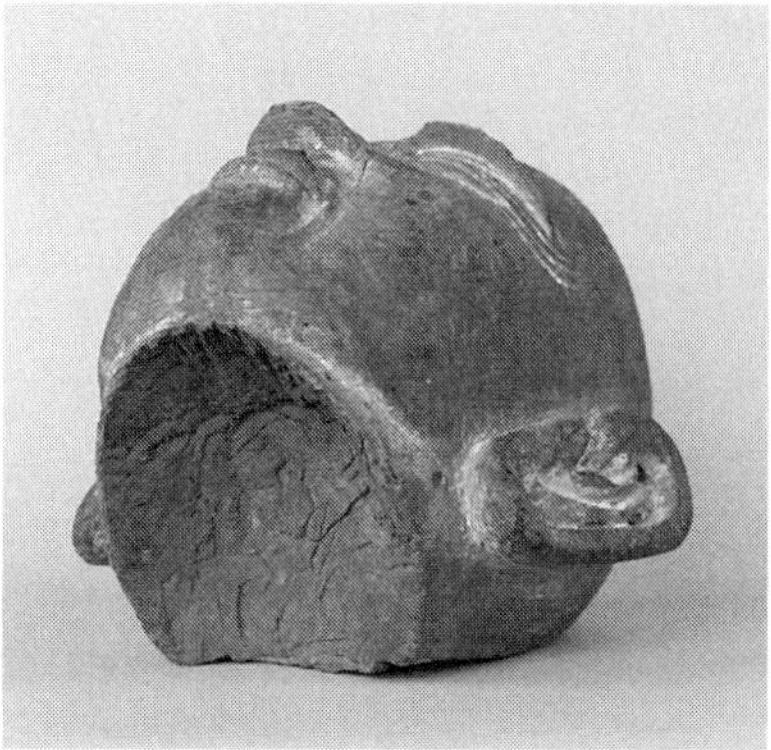

（底面）

（背面）

図29　慈覚大師木彫頭部（立石寺所蔵，東北大学大学院文学研究科東洋・日本美術史研究室提供）

石寺にその遺骨を移したものと考えることが出来ると思う。そしてその最初に遺骸を埋葬したところに頭骸骨だけをとどめ置くことになったので、その代りに立石寺に移した胴体部の骨の方に木造の頭部を附け加えたものと推察される。その際、胴体部の骨の方には恐らく丁重に衣を着せて、さながらこれが示寂直後の遺骸の様な装いで立石寺に運ばれたものと想像される」と加えている。慈覚大師は『山門秘伝見聞』『山門建立秘訣』では出羽国に入定したと伝えているとした（小林一九五〇）。この小林説の鮮やかな描写は、非常に魅力的なもので、私は資料からこのように生き生きと歴史を復元できるのかと、深く感動したことを覚えている。

入定窟への慈覚大師入定を考定

結論として、入定窟の調査によって、慈覚大師は直接的な史料などを欠くものの、骨の形質研究と美術史的考察から、最初に比叡山で入滅したのち掘り出され（右橈骨・左右大腿骨・右脛骨）、円仁肖像の頭部彫刻と揃えられ金棺に納められ、ここ立石寺にいたったとし、骨片は「寺伝の如く慈覚大師のものとされることも理論的には可能」とした。

しかしながら、その後の研究の進展により入定伝説・慈覚大師頭部木彫・金棺について新たな検討が進んだ。その後の研究の成果を整理してみたい。

その後の研究と成果

円仁の入滅と墓所の造営

まず、円仁の入滅と墓所の造営について補足してみよう。延喜十二年（九一二）『慈覚大師伝』には、貞観六年（八六四）正月十三日、黄昏《たそがれ》に流星があり文殊楼の方角に落ちた。これは入定（入滅）の予告ではないかと弟子が集まった。十四日、円仁は弟子たちが仏名と念仏を唱える中で遺誡《ゆいかい》を行い、真言を唱えながら頭を北に向け右わきを下にして遷化《せんげ》した。七十一歳であった。十六日に寺の北側華芳に葬ったという。

円仁が比叡山上の華芳に葬られたとあり、立石寺に葬られたとは書かれていない。頭を北に向け右わきを下にして遷化したというのは、釈尊涅槃のときの姿勢である頭北面西と

図30　慈覚大師御廟道標識（比叡山所在）

共通し、中国高僧伝にも通じる。

具体的な葬地であるが、現在円仁廟は、根本中堂の東北側の尾根筋である。根本中堂から東へ文殊楼へと登り、さらに延暦寺会館の脇を下ったところから分岐する山道を進んだ先である（図30）。この地は華芳であるという。石製の供養塔が尾根筋に沿って建ち並び、中には立石寺に縁の深い正覚院豪盛の供養碑群や、薬樹院に関わる供養碑群がある。加えれば、現在の円仁廟は大正十二年（一九二三）の遠忌記念に改修されたもので、古様を伝えるものはないという（景山一九七八）。のちに詳しく触れるが、立石寺から延暦寺への法灯帰還・返還に関わる人々は、円仁廟所周辺に集中していた。

勝野隆信氏は、入定に棺は用いず、坐禅を組んだままの姿を保つことであるから、「立石寺の開山入定窟は同寺の信仰の中心をなすものであるが、其処にあった金棺は慈覚の遺骸を納めたものではない」と見た（勝野一九五〇）。たしかに寛和元年（九八五）ごろ成立という『日本往生極楽記』に円仁の入滅は「威儀を具して定印を結び、仏を念じて入滅せり」と、定印《じょういん》を結んで入滅すると描かれる。当初の頭北西面から定印入滅へと死の光景が変化しているのである。

勝野氏は天台宗の僧侶であり、長く東京大学史料編纂所に務めた。のちに大正大学に移ったが、昭和十年には留学中のＥ・ライシャワー氏に円仁の旅行記『入唐求法巡礼行記』を講じた人物である（星野二〇一三）。ライシャワー氏はのちに『入唐求法巡礼行記』を『Ennin's Diary: The Record of a Pilgrimage to China in Search of the Law』として英訳したことはよく知られている。ライシャワー氏の碑文は山寺芭蕉記念館前に設けられているのでご覧いただければと思う。

立石寺入定伝承の成立過程

ついで、勝野隆信氏は、立石寺への入定伝承の成立を史料に基づきながら、時系列で整理している。長いが紹介したい。

「(本朝)神仙伝に「入滅の時忽然として失せた」というは、この伝(『慈覚大師伝』)にいう「流星忽に文殊楼の東北の角に落つ、皆いうこれ大師の精神遷化の徴なりと」からの転化であり、神仙伝の忽然として失せたことから、さらに「門弟相尋ぬるに挿鞋を如意山の谷に落して、その余を見ず」となり、これが山門建立秘訣及び秘伝見聞の、「棺より飛出して東方に行き、乃至、其日其時出羽の国に至り玉えり」へと進展し、やがては了義の画像賛(世良田長楽寺慈覚大師画像賛)ともなり、そして秀雲序の「即日羽州立石寺に至り、龕に入って宴坐し玉う、身肉不壊、今に儼然たり」乃至、山家学則の「立石寺の御金棺の中に厳然として入定ましまし」と完成された」と整理した。のちに日蓮が慈覚大師御頭に触れたことについては、円仁死後首像が立石寺に送られたことが、四百年たっても世間に伝わっていたことを示すと見た(勝野一九六四)。

少し補足しながら読み取ってみたい。まず九世紀代に編纂された『慈覚大師伝』には「此山上勿造諸人廟。唯留大師廟。我没之後。植樹験其処」とあり、比叡山には最澄の廟所のみとし、自分の墓は木を植えるだけとすると記される。比叡山に円仁の墓は作らないとされたのである。ついで、十一世紀代『本朝神仙伝』には「その入滅の期に及びて、忽然として失せてある所を知らず。門弟相尋ぬるに、插鞋（草鞋）を如意山の谷に落して、その余を見ず」となり、入滅に及んで姿を消し草鞋《わらじ》のみを残したとする。墓はなくどこかに去ったというのである。

また、十四世紀代永徳三年（一三八三）の群馬県太田市世良田長楽寺『慈覚大師画像賛』には、「（前略）貞観六年正月十四日帰寂七十一花芳峰／留沓片足其日昇空中向東方其日下野州日光／山供養其日於羽州立石寺入定（中略）永徳癸亥正月十四日於上野州新田荘／世良田山長楽寺（後略）」とある。入滅ののち、片方の沓（草鞋）を残して、下野国日光へと飛びいたり供養ののち、出羽国立石寺へ入定したとする。ここで行き先として出羽国立石寺が現れる。同様に『山門秘傳見聞』に「（前略）次前唐院御入定所已前事畢今当山出羽国両国於被示御入定処（貞観六年）正月十四日於彼叡峰雖被示御入滅、自棺中飛出、乗紫雲片時至彼国（後略）」とあり、円仁の入定所は二ヵ所で、比叡山で入滅したのち棺を飛び出し、紫の雲に乗って出羽国へいたったという。『山門建立秘訣』にも「（前略）慈覺大師者於前唐院御入寂畢爰自御棺飛出行東方御草蛙落華芳峰、其日其時至出羽国（後略）」とあり、前唐院で入滅後、草鞋の片方を落とし出羽国へ飛びいたったという。

勝野隆信氏はこの両書は比叡山の古い伝承を記録したもので、成立は南北朝期の初めまで遡るとし、片方の草鞋を落とすという伝承は、中国高僧伝にある「達磨」の説話につながるという(勝野一九六四)。円仁の入定伝承は変化を見せ、中国にまでその視野を広げながら展開するのであった。

大きくは、平安時代初め入滅当初の墓は比叡山の華芳とされていたが、平安時代中期にはやがて疑われ、中国高僧伝の達磨の説話に結び付きながら、墓の存在が不確かとなり、鎌倉期から南北朝には出羽国立石寺へ入定したと定まり、近世になると立石寺入定の伝承が完成にいたったと整理できようか。

慈覚大師木彫頭部の理解

次に慈覚大師頭部の研究を整理したい。この木彫は立石寺の信仰の基層をなすもので、御頭部像と人骨を円仁の御尊像として日夜供養が重ねられている。平成十七年(二〇〇五)、国重要文化財の指定に関連して調査(文化庁・東北大学)が進められた(有賀ほか二〇〇六)。約六十年前の報告を踏まえて、現代の研究者による再検討が加えられたのである。翌平成十八年、無事指定にいたった。再調査により慈覚大師頭部は、全身像の一部であることなど、重要な知見が得られた。

伊東史朗氏は図29の慈覚大師木彫頭部を、首だけの像ではなくもとは丸彫の全身像だったと考定した。もとの全身像が痛んだため、まず後頭部の削りを行い、のちに着衣の襟際に沿って頸部が切断された、と推定した。さらに頭部像容は、長寛元年（一一六一）奥書の「高僧像」にある「慈覚大師像」（図31）と共通するため、像主を慈覚大師と推定し、比叡山の円仁の住坊（前唐院・法界坊）の尊像を、加工し移動した可能性を指摘した。その時期は、「立石寺入定窟の上方に天養元年（一一四四）の如法経碑が立てられており、そこに記される「大師」が慈覚大師であることを疑う意見もあるけれど、法華経八巻を書写し、経の所説のごとく慈尊の出世を期して霊窟に奉納するという如法経埋納の意を告げているのだから、やはり慈覚大師を意味するのだろう。本頭部が木棺・骨と同時期に窟内に納置されたのならば、それは当然天養より前のはずだが、別に、天養以降の追納だったことも考慮に入れておく必要があろう」という（伊東二〇〇八）。入定窟への納入は天養年間前後であり、金棺＋人骨＋慈覚大師頭部のセット組成

図31　慈覚大師像（「高僧像」より，大東急記念文庫所蔵）

を、金棺＋人骨が先にあり、のちに比叡山からもたらされた慈覚大師頭部が追納された可能性をも指摘する。

ついで長岡龍作氏は、慈覚大師頭部の制作年代は平安時代初期九世紀の後半とし、金棺は平安時代後期と見る。円仁のものと考えられていた木造頭部は平安時代後期以降、骨とともにこの金棺に納められた。さらに金棺の中の骨と頭部は、円仁がこの世に遺した舎利と見るべきで、結縁《けちえん》することで円仁の加護に与ることができる。また、霊窟は極楽とつながる場所と考えられ、円仁の舎利である骨・頭部を金棺に納めそれをこの霊窟に安置し供養することによって、極楽にいる円仁と結ばれると考えたと想定されるという。また、同じく金棺に納められた平泉藤原氏初代藤原清衡《ふじわらのきよひら》の例を引き、「立石寺霊窟の円仁の遺骨、金色堂の清衡の遺体のいずれもが舎利と見なされた」「金色堂の壇下に遺体を納めたのは、極楽へとつながる空間に遺体を納める意味があったとみるべきでしょう。円仁の場合と見かけは違いますが、意味は共通」するという（長岡二〇一〇）。金棺＋人骨＋慈覚大師頭部のセットの完成は平安時代後期にあるとし、それらは舎利として認められ、われわれは入定窟を通して、極楽にいる円仁と結ばれることができるというのである。こうした考え方は、平泉の藤原清衡の金棺埋納と、須弥壇《しゅみだん》下納置にも共通するという。まことに魅力的な説明である。

なお、慈覚大師頭部は『慈覚大師　円仁とその名宝』展で公開（栃木県立博物館ほか）されたので、ご覧になられた方も多いのではなかろうか（ＮＨＫプロモーション二〇〇七）。

慈覚大師頭部と一～四期

重要な点をいくつか確認したい。まず、驚くべきことに、慈覚大師頭部は当初から首像ではなく、一期にあたる平安時代初期九世紀後半の全身像の頭部が転用されたものであった。納められている金棺は平安時代後期になるので、金棺＋慈覚大師頭部＋五号人骨のセットが完成したのは平安時代後期以降と見られることになる。七尾市海門寺《かいもんじ》の千手観音坐像の銘文にある、立石寺が慈覚大師の霊場であると広く知られた時代に重なる。また、風穴《ふうけつ》（岩屋）は『本朝神仙伝』に修行の場とされるから、入定の場として相応しい。平安時代中期から末には入定窟と金棺がセットして存在し、慈覚大師入定の処とされていたと理解しておきたい。二期に霊場の基点として完成したものと考えられる。

ついで、三期には慈覚大師頭部が立石寺にあることが広く知られていく。これは庚元二年（一二五七）木造五輪塔が、蓋内側に打ち付けられていたことを連想すれば、当然金棺の内側を確認できたと考えられる。日蓮はこうした行為により慈覚大師頭部が立石寺にあるという伝聞を得たのであろう。のち、南北朝期には慈覚大師その人が立石寺に入定していると定まるようになる。なお、慈覚大師入定に触れるのは世良田長楽寺と比叡山側の史料であり、立石寺のものではない。慈覚大師入定伝承の形成には、比叡山側の意図が強く感じられることを確認しておく。

後続する四期に、金棺＋慈覚大師頭部＋五号人骨のセットに、十六世紀から十七世紀半ばに一・二号人骨、三号、四号人骨が追納され、現在の形が整えられたのであろう。

さらに、いくつか追加しておきたい。

入定窟金棺と平泉藤原氏金棺

まず金棺であるが、私は平安時代の金棺は入定窟と、平泉中尊寺にもあるから類例はほかにもあるのではなかろうかと思っていた。ところが、文献史料・絵画資料・考古学資料など幅広く探してみても金棺の実例は驚くほど少ない。絵画資料にわずかにあるが、実物は全国で立石寺と中尊寺金色堂に納められた計四例が知られるのみで、いずれもが国重文となっている。立石寺と中尊寺に金棺が存在することは、同じ天台寺院でもあり興味深い。この四例は関連があるのだろうか、まず比較してみよう。

伊東史朗氏は平成十七年に行われた金棺調査の成果（調査者は東京文化財研究所加藤寛

氏）を引き、「木寄せ構造や金箔押し仕上げが中尊寺金色堂の藤原三代木棺に似ているが、技法的には相違点があり、また別に円仁の時代にさかのぼらせる積極的な根拠は乏し」いとし、こうした観点を踏まえて、国重文指定に際しては平安時代の制作として提案をしたという（伊東二〇〇八）。円仁の時代平安時代前期には遡らず、平泉藤原氏の金棺と似るところがあるという。文化庁の文化遺産データベースには「木棺も類例まれなもので平安時代を下らない作である」と位置づけている。

中尊寺金色堂は阿弥陀を本尊とする常行堂形式の堂であり、この須弥壇の下に藤原氏三代のご遺体と、最後の当主であった泰衡《やすひら》の首桶が納められ、金色堂須弥壇内納置棺及副葬品として国重文に指定されている。藤原氏三代は土葬されることなく、金色堂の須弥壇の下に入れられた。このため棺は人体一体分に必要とされた大きさとなる。

現存の金棺を比較すれば次のようになる（数値は四棺とも有賀ほか二〇〇六）。

○立石寺入定窟金棺（図32）

・長一八三・七センチ、幅五〇・一センチ、高二六・三センチ

○中尊寺金色堂金棺

・清衡棺—長一八九・七センチ、幅六一・二センチ、高三三・〇センチ

（側面）

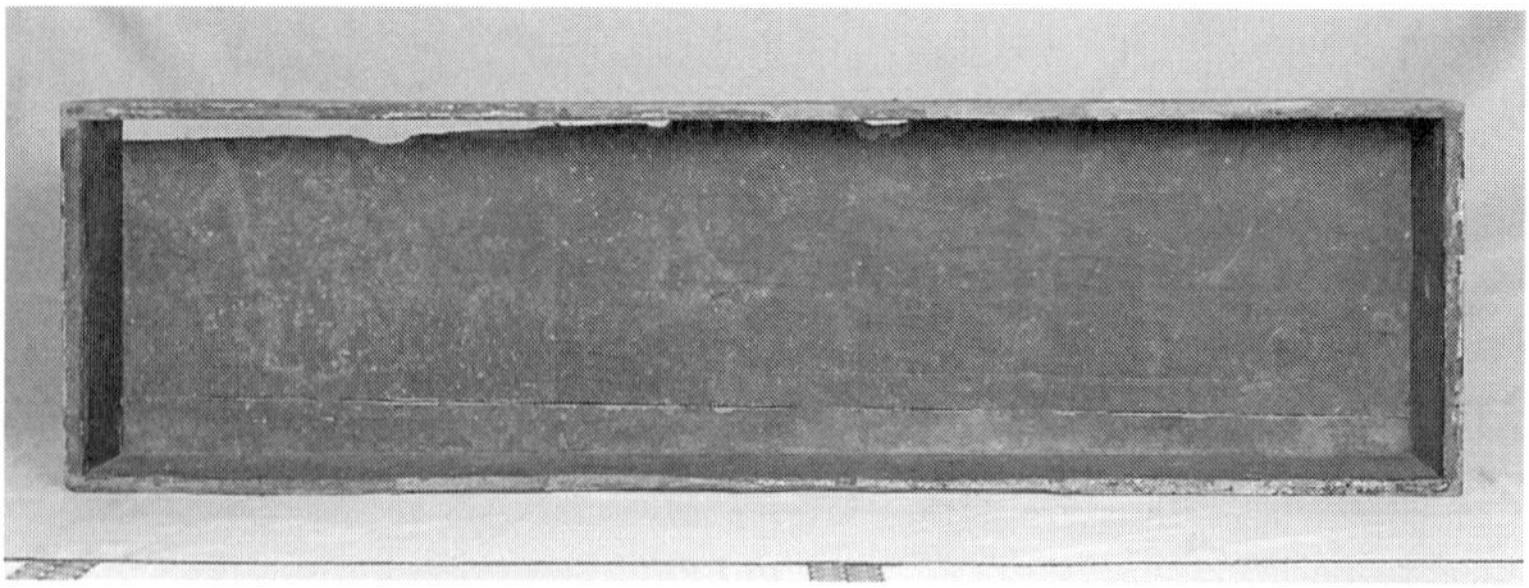

（内側）

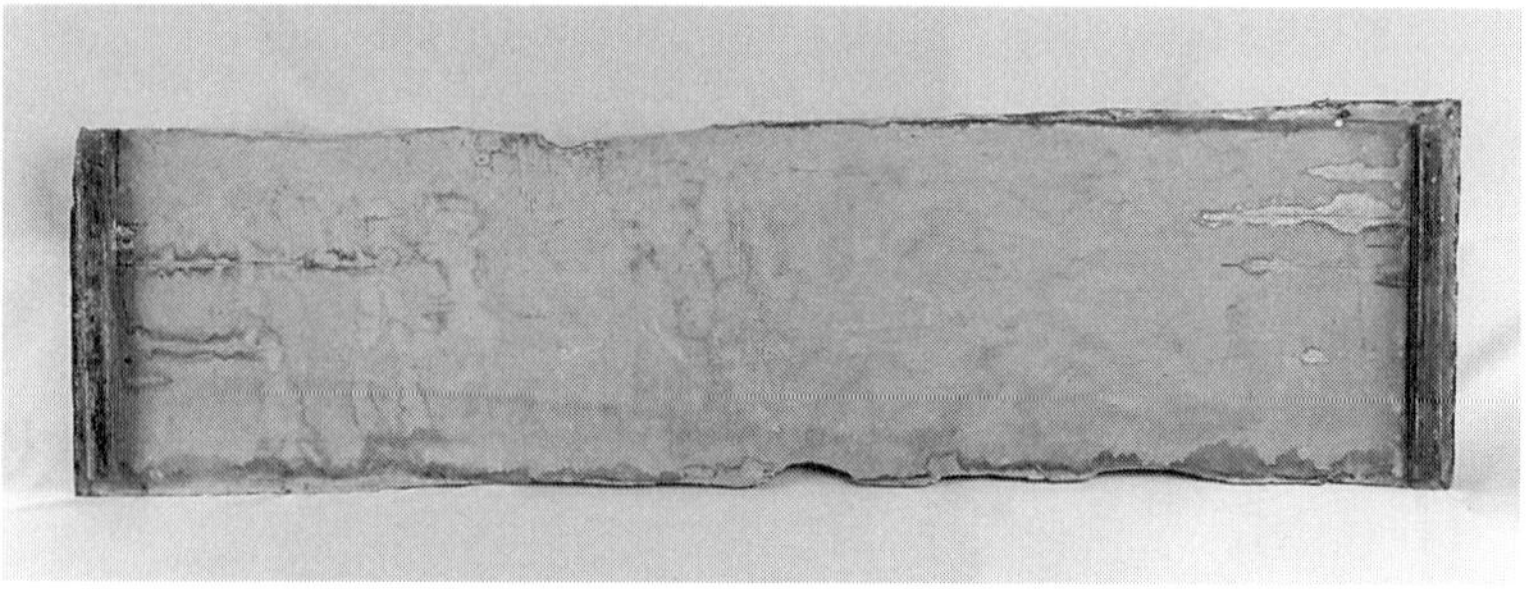

（蓋内側）

図32　入定窟金棺（立石寺所蔵，東北大学大学院文学研究科東洋・日本美術史研究室提供）

・基衡棺《もとひら》―長一八六・三センチ、幅六九・〇センチ、高四七・九センチ
・秀衡棺《ひでひら》―長一九一・〇センチ、幅七六・九センチ、高四三・九センチ

四例の法量を比較すると、長さと幅は秀衡棺が大きく、高さは基衡棺が大きいがほぼ法量はそろっている。ただし、入定窟金棺はこの中ではいずれの数値とも小さく、中尊寺金色堂金棺より小ぶりである。明らかに狭く、とくに高さが低い。これは人体を葬るというものではなく、当初から慈覚大師頭部と四肢骨を、入定窟に埋納するために誂《あつら》えられたためではなかろうか。

入定窟金棺は容器か

金棺内の内容物の比較もこれを裏づける。入定窟金棺には慈覚大師頭部と人骨以外には、木造五輪塔（康元二年〈一二五七〉）、元和四年（一六一八）木札、貞享四年（一六八七）木札があった。とすれば入定窟金棺の当初の組み合わせは、慈覚大師頭部と五号人骨のみであると考えられる（衣などはあったか）。一方残りの良い藤原清衡の棺内には多数の副葬品（染織品、太刀、刀装具、数珠、仏具、舎利ほか一二三一点）が残されていた（中尊寺一九九四）。

清衡棺の内容物には、中世墓の発掘事例と共通する多様な副葬品が含まれる。一方、入定窟金棺は法量も小さく中世墓にある副葬品が見当たらない。人体の葬送の棺というより

は、信仰の対象として、慈覚大師の遺体（五号人骨＋慈覚大師頭部）を納め、人体として再構成するために誂えた容器（厨子）と思えるのである。

では、金棺に納められるということはどのような意味があるのであろうか。

金棺の意味

平安時代の貴族の葬送には火葬が多いが、建物の中あるいは床下に遺体を納めることもあった。『中右記』永久二年（一一一四）十月一日・二日条の堀河天皇の中宮篤子内親王葬儀では「今夜中宮奉殯雲林院掌侍堂中也、本建立小堂、其中作壇、壇中乍御棺奉収云々」とあり、小堂の中に仏壇を作りその中に棺ごと納めたという。平泉中尊寺金色堂の須弥壇の下に棺を直接納める方式は、平安貴族と通じるものであった。

しかしながら、平安貴族の事例を見ても、遺骸を納めるのに金棺を使用した事例は明らかではなかった。類例と考えられる、納骨容器に金箔を捺した資料も驚くほど少ない。わずかに奈良県の元興寺《がんごうじ》に納骨五輪塔（鎌倉時代の納骨五輪塔水輪部の内側に金を捺したもの）に一例。さらに『大乗院寺社雑事記』文明十三年（一四八一）四月二十九日条に、元興寺に納入された一条兼良の納骨容器が、「金ハク五輪」であったと記されるが現存しないという（藤澤典一九七八）。金棺同様事例は少ないのである。

興味深いことに、宗教上の聖人が金棺とともに語られることがある。嘉元四年（一三〇六）十月十八日備後浄土寺文書の『定證起請案』（『鎌倉遺文』第三〇巻四一頁）に「留三骨於磯長廟之金棺」とある。三骨とは三骨一廟（聖徳太子・母・妻の廟所）という聖徳太子廟所の由緒であり、磯長《しなが》とは聖徳太子の廟所である。聖徳太子が金棺に葬られたと考えられていた可能性がある。さらに、藤澤典彦氏のご教示によれば、奈良時代の僧で東大寺建立に尽力した行基の棺も、金棺と見られた可能性（『竹林寺縁起』）があるという。つまり聖人が葬られると見られたのが金棺なのである。

釈迦入滅と金棺

そもそもなぜ金棺を使うのだろうか。実は、釈迦が入滅したときに納められたのが金棺であったという。しかも金棺に納められた釈迦は復活するのである。平安時代後期（十一世紀）の絵画に国宝「絹本著色釈迦金棺出現図」（京都国立博物館、図33）がある。日本の仏教絵画を代表する傑作の一つで、同時に稀有なものである。

この図の主題は釈迦が金棺から再生する「金棺出現」である。釈迦如来が涅槃《ねはん》に入り金棺に納まった直後、仏母摩耶夫人は須弥山《しゅみせん》の頂上にある忉利天《とうりてん》から駆けつけ、金棺に取りすがって嘆き悲しんだ。そのとき釈迦は大神通力をもって自ら棺の蓋をあけ、身を起こし

図33　釈迦金棺出現図（京都国立博物館所蔵，出典 ColBase〈https://colbase.nich.go.jp/〉）

て母のためにこの世の無常の理を説き、説き終って再び棺の蓋を閉じた。このことを、絵画化したものであるという。図は、釈迦が棺の中から合掌して立ち、釈迦を仰ぎ見て立つ仏母摩耶夫人に偈を説いている場面である。中国の事例では、有名な敦煌莫高窟第六十一窟の五代（十世紀前半から半ば）に描かれた壁画「金棺入殮母従天降」に、金棺と摩耶夫人が描かれている（超二〇一八）。

十一世紀代には金棺は釈迦の入滅時にその遺骸を保存したものであり、釈迦はのちに復活したと考えられたのである。このため絵画にも描かれた。立石寺・中尊寺の十二世紀代の金棺も同様に、遺体の保存と復活が期待されたのではなかろうか。

入定窟金棺に納められた慈覚大師頭部と遺骨は霊場《れいじょう》の基点となり、さらに霊場で復活を待っているのではなかろうか。

次に金棺に納められた慈覚大師の遺骨について考えてみたい。そもそもなぜ掘り出されなくてはならなかったのであろうか。これには舎利信仰の高まりが関係しよう。

舎利信仰と聖人墓の開掘

鈴木尚氏は、円仁と考えられる五号人骨の状態について、「(骨の) 表面が溶けたようになっておりまして (中略) どこかに一ぺん埋葬されたものを後世、後世といってもそう後ではなくて、適当な時期に移されたものと、そういう骨の状態をしております」と整理した (鈴木一九八九)。掘り出されたのは埋葬されてからそんなに経っていない時期という。円仁は貞観六年正月十四日に入滅するから、それからそう遠くない時期というと、十世紀から十一世紀の平安時代中期を想定することができようか。先の金棺の検討時期に重なる。

実は、このあたりから舎利信仰の高揚にともない、聖人 (宗教者・皇族) の墓がいくつも開掘されたことが知られている。

もともと舎利とは、仏陀の火葬された遺骨であるが、信仰の対象が拡大し、のちには聖者の肉体から得られたものも舎利と見られた。中国でも当初は仏舎利が重要視されるが、唐代以降には高僧の舎利も仏舎利同様に重視されるようになり、霊性を有するものと認められ礼拝の対象となっていく（西脇一九九〇）。平安末期から鎌倉初期に日本で信仰された舎利の種類は、金胎房覚禅『覚禅鈔』の「三種舎利事」に「舎利有三種。一骨舎利。其色白也。二髪舎利。其色黒。三是肉舎利。其色赤色也　云々」とあり、骨だけではなく、髪や肉片までもが舎利として認められた。

聖人の聖遺物である舎利は信仰の対象とされ、人々から求められるようになったために、需要に応じ舎利の種類が拡大したのであろう。このため、前代の聖人の墓を開掘し、遺骨を得、舎利として信仰するという事態が起きたのである。もともと聖徳太子廟などの聖人の墓は、舎利信仰に深く関連し舎利を感得する場でもあった。鎌倉時代中期の仏教説話集『沙石集』に、河内の生蓮坊という僧がここに詣でて仏舎利を得た話が載る。

今尾文昭氏は、元久年間（一二〇四〜〇六）聖徳太子御廟、文暦二年（一二三五）檜隈大内陵墓（天武・持統陵）、同じく文暦二年行基廟の開掘を整理した。とくに行基墓は、僧慶恩がそこで舎利を得るなどの瑞兆を経て、ついには私の墓を開けと託宣があって開いたという（今尾二〇一三）。佐藤亜聖氏も舎利信仰と開掘について、平安時代末以降盛んになる

図34　聖徳太子墓（大阪府太子町・叡福寺所在）

舎利信仰の高まりによって、聖人墓の開掘が行われたことを整理した。その行為は勧進聖の活躍によるところが大きく、磯長廟の聖徳太子墓（図34）を開いた二人の聖は、得た舎利をもとに各地を勧進したという（佐藤亜二〇〇二）。

さらに『玉葉』建久二年（一一九一）五月〜六月条には、重源《ちょうげん》の弟子が室生山で舎利開掘を行い、その対応に苦慮している記事が載る。

聖人墓の開掘によって得られた舎利は舎利会に供えられ、さらに仏像への納入や勧進に供されるなどの需要があった。このため開掘が行われた世情が判明する。なお、盗掘か開掘かは一概に判断できるものではなく、当時の信仰の在り方を踏まえ理解しなくてはならない。

二期には、舎利信仰の高まりがあり、こうした状況のもとで慈覚大師円仁の骨舎利が、比叡山から運び出され、立石寺入定窟金棺に納められたのではなかろうか。

さらに聖人の舎利には特別な力が備わっているとも考えられた。立石寺金棺にもその痕跡が残っている。棺内部の人骨には刃物で削られた跡が残るものがある。「鋭利な利器に依り削られたと思われる創が認められたが、これは恐らく最近まで行われたと伝えられる悪疫治療の目的から削られた創と思われる」とあり、「この迷信のために幾度となく遺骨が盗取された」と報告されている（山文保一九五〇）。

この地方の庶民信仰では、疾病にかかったものはこの棺内の人骨を削り煎じて飲めば平癒に効果があると信じられた。金棺に刃物跡があることは金棺も薬とされたのではないかという。宗教的な特別に力を持つ聖人や、それに関係するものの霊力を病気平癒に利用する呪術信仰の類例となるのであろう。とすれば、こうした必要性からも金棺は開けられていたのかもしれない。これもまた、霊場に納められた聖人に対する信仰の重要な一面である。

さて、次に慈覚大師頭部について別の視点から考えてみたい。

「御頭」は出羽国立石寺にあり

見出しとして掲げた言葉は鎌倉時代の僧、日蓮の言葉であり、三期にあたる。慈覚大師の「御頭」つまり首は立石寺にあるというのである。なぜ首がそれほど注意されなくてはならないのであろうか。この背景には中世の首に対する考え方が見え隠れする。

首は本来人体の頭と体幹とを結ぶ部分で、ここで切り落とされた頭を首、白骨化したものを髑髏《どくろ》とも髑髏《されこうべ》ともいう。金棺には人体頭骨（首）はなかったが、木彫頭部があった。慈覚大師「首」は存在し、日蓮の言葉は事実を表していたとも考えられた。

日蓮は、弘安三年（一二八〇）の紀年を持つ太田入道あての書状に、「慈覚大師の御かはいづれのところに有リと申ス事きこえず候。世間に云フ。御頭（首）は出羽ノ国立石寺に有リ伝伝。いかにも此事は頭と身とは別の所に有ルか」と記した。佐伯有清氏は『法華経』の頭を切って、「真言」の経典の頂にすげ替えた罰なのだといおうとした」と見る（佐伯一九八九）。たしかに、中世では首が身から離れ、梟首《きょうしゅ》されることは死骸の恥をさらすといった意味合いが含まれていた。（勝俣一九八三）。

江戸時代中期の『奥細道菅菰抄』には、逆に首が当初は実在し、のちに取り去られ、木像に替えられたのだと記される。佐伯有清氏は、「古くは日蓮が記したように円仁の頭が立石寺にあるという話が生まれ、また新しくは里民のあいだで伝えられていたような円仁の頭が斬られて比叡山に持ち去られたという伝承が誕生した」と見た（佐伯一九八九）。すでに二期には金棺は存在し、おそらく慈覚大師頭部も納められ、霊場の基点であった。日蓮はなぜ首を記すのか、実は中世には首に特殊な力があると考えられていたのである。

『山門堂舎記』の法灯と髑髏

鎌倉時代嘉元三年（一三〇五）の紀年を持つ『山門堂舎記』（『山門堂舎』）は、比叡山延暦寺調査研究の基本的文献の一つである。この「法花堂」の記載に、「法花堂　或名根本法花三昧院（中略）弘仁三年七月上旬。伝教大師建立。実簡浄行衆五六以上始不断香。至于今香煙猶薫。燈火未滅山里之間。伝燈此火為常燈之火。弘仁元年春。根本中堂始三部長講之夜。谷頂有誦法花安楽行品之音。一両夜尋音呼求。雖聞誦音不見人体。以燈求覧有朽頭骨。手探捧之尚誦経。仍埋不令踏。即於其地所建立法花堂也（後略）」とある。

法花堂建立の由緒が興味深い。弘仁元年（八一〇）春、法会を行うと、法華経の一部である安楽行品を唱える声が聞こえた。唱える声が聞こえるが人は見当たらない。灯りをともし探すと朽ちた頭骨が唱えている。捧げ持ってみるとまだ唱え続けていたため、人の踏まない場所に埋めることにした。ここに建立したのが法花堂であるといい、そこには最澄の灯火も守られていたのである。法華経を読誦《どくじゅ》する髑髏は、『日本霊異記』『今昔物語』や『大日本国法華経験記』などにもある。髑髏になっても舌だけは腐らず法華経を読誦したことが共通し、法華経にまつわる霊験譚の一つとなる。

考えてみれば、常灯は立石寺不滅の法灯と共通し、さらには、髑髏は入定窟の円仁頭部の存在を想起させる。慈覚大師の入定窟と不滅の法灯は立石寺信仰の基層をなすものであるが、そもそも天台寺院にとって、この二つは重要であった可能性があるのではなかろうか。

平泉に慈恵大師の首

平泉藤原氏の根拠地にも天台高僧の首の話が残る。鎌倉時代の仏教説話集『撰集抄』第六話「奥州平泉ノ郡ノ女人法花経ヲ授カル事」に、この里の武士の娘が、法華経を読みたいと思ったが、師がいなくて習うことができなかった。あるとき天井裏から「なんぢ経を求めて前に置け。我こゝにて教へむ」と声がし八日で習い終えた。不思議に思い天井裏を覗くと「しろくされ、苔おひたるかうべに、舌のいきたる人のごとくなるあり」と、髑髏が教えてくれたことを知った。さらに「我は是、昔延暦寺の住僧、慈恵大師のかうべなり。なんぢが心ざしを感じて、きたりて教へ侍る」という。慈恵大師は、第十八代天台座首の良源《りょうげん》である（大石一九八四）。首は霊力の非常に強い部分であり、聖人の頭部となればなおさらのことで、天台の高僧の首は法華経を読誦する力を持っているのである。

このほかにも有名な首がある。平将門の首、玄昉《げんぼう》の首、雲上公の首などである。

首の信仰世界

そもそも首は古くから強力な呪力を持つものと考えられた。奈良時代の入唐僧、玄昉（？〜七四六）は藤原広嗣《ふじわらのひろつぐ》の怨霊によって殺され、首が落ちたところが奈良市に今も残る頭塔《ずとう》（国史跡）であるという。平将門（？〜九〇三）の首はさらされてもなお刮目《かつもく》し歯がみするなどの力を持ち、その首塚は東京都千代田区大手町などに今も残り祀られている。将門の首塚にまつわる話は読者もご存じではなかろうか。新潟県の北部に残る雲上公伝説でも首は胴体と離れても、刮目し空中を飛翔する能力を有していた（井上一九六八）。酒呑童子《しゅてんどうじ》の首は源頼光らに斬られても兜にかみついたのである。首には強い呪力があったのである。

強力な首の呪力は境界守護にも使われた。鎌倉時代の例としては、鎌倉市今小路西遺跡では首が二つ巴にかみ合わされた状態で、屋敷地の東南隅と考えられる位置から出土している。頭骨には斬首の痕跡が残っていた。室町時代では青森県八戸市根城遺跡で、首二個体が巴にかみ合わされた状態で、郭を区画する大きい堀跡から出土している。

江戸時代にも類似例がある。東京都千代田区丸の内三丁目遺跡では、屋敷境の溝に設けられた石龕に頭骨が納められていた（岩下二〇〇三）。ここは山内対馬守邸の屋敷境にあり、「慶長江戸絵図」（都立中央図書館蔵）によれば、出土地点は山内邸にとって北東、すなわち艮《うしとら》（鬼門）の方角にあたるという（関口二〇一三）。首は屋敷の境界である艮の鬼門に祀られ、その強力な呪力によって外部の悪霊から屋敷を守る役割が期待されたのである。

入定窟に納められた金棺と慈覚大師頭部がよく知られるようになったのは、三期であるが、頭部については中世にはこのような理解があったことを念頭に置きたい。

如法経所碑と経塚

如法経は、一定の規式に従って経典を書写しさらに供養することである。如法経には円仁の関わりが深く、天長十年（八三三）に比叡山横川《よかわ》で行った法華経書写が日本最初となる。書写した経典を永年保存する施設が経塚である。経塚に埋経される経典は、如法（規式に従い）に書写されることが重要であったため、経塚にともなう経典や経筒外容器さらに記念碑には、「如法」あるいは「如法経」と記されることがある。のちに触れるが、立石寺では如法経書写の伝統が今も守られている。

立石寺如法経所碑

如法経所碑（高さ一〇七・五センチ、幅四七センチ、厚さ一八・二センチ）は、規式に従い書写した経典を納め、経塚を造営したことの記念碑であり、もとは百丈岩に営まれていた

（図35）。天養元年（一一四四）の紀年を持ち、立石寺一山の基底をなす凝灰岩で制作されている。石田茂作氏は百丈岩の頂に建つ納経堂の裏に、丸い穴（深さ一尺五寸、径七寸くらい）を発見し、ここが如法経所碑に記される経筒を納めた遺構ではないかと見た（石田一九五一）。

まず国重文に指定されている天養元年如法経所碑銘文を検討し、全国へ視点を広げてみよう。碑面には次の文字が刻まれている（誉田二〇一八）。

維天養元年歳次甲子秋八月十八日丁酉、真語宗
僧入阿大徳、兼済在心、利物為事、同法五人、凝志一
味、敬奉書妙法蓮華経一部八巻、精進加行、如経所
説、殊仰大師之護持、更期慈尊之出世、奉納之霊崛、
願既畢、願令参詣此地之輩、必結礼拝此経之縁因、
一見一聞、併歴巨益、上則游知足之雲、西則翫安養
之月、于時有釈以慶、及作銘曰
　善哉上人　写経如説　利益所覃　誰疑記莂

さてこの読み下しであるが、立石寺宝物殿に納められている、大正時代に作成された如

図35　如法経所碑（立石寺所蔵，東北大学大学院文学研究科東洋・日本美術史研究室提供）

図36　同拓本（同所蔵，同提供）

法経碑拓本を参考にすれば次のようになる（図36）。採拓者は森田正安氏で東京帝室博物館の歴史課に所属し、石碑の拓本を能くした人物であり、専門誌として権威のあった『考古学雑誌』にも投稿し、当時の研究の第一線にもあった。拓本に「大正八年（一九一九）十一月六日山形市妙圓山主清原英田法師に呈するものなり　石碑欠損の所に記入の文字は東京帝室博物館の拓本　壬生芳田猊下一覧の上写すもの也　元東京帝室博物館歴史課列品係森田正安」と記し、次の釈文を附している（図上部の釈文を碑面の文言に近づけて表記）。

立石寺如法経所碑并序

維天養元年歳甲子に次る秋八月十八日丁酉、真語宗
僧入阿大徳、兼済心に在り、物を利するを事と為す、同法五人、志を凝らして
一味敬みて、妙法蓮華経一部八巻を書し奉る、精進加行、経に説く所
の如く、殊に大師の護持を仰ぎ、更に慈尊之出世を期す、之を霊崛の頭に納め奉
る既に畢わんぬ、願くは此の地に参詣之輩をして、必此の経を礼拝するの縁を
結ばしめ、一見一聞に因て、壓巨の益を併せ、上は則知足乃雲に游ひ、西は則
安養之月を翫ふ、時に釈以慶、有り及銘を作りて曰く
善哉上人　写経に説く如く　利益覃る所　誰か記莂を疑ハん

森田正安氏の読み下しを参考とすれば、次のようになろうか。

天養元年甲子《きのえ》の年、秋が感じられる八月十八日（七十二候の一つ「蒙霧升降」で深い霧の立ち込める季節の頃）丁酉《ひのととり》の日に、真語宗の僧である入阿、大徳、兼済は五人と志を一つにして、ここに敬しんで法華経（妙法蓮華経一部八巻）を書するものです。経は精進して規式に従って写しました。これを（慈覚）大師に御護りいただき、さらには慈尊（弥勒菩薩）が現れる（五十六億七千万年後）まで保存されることを願って、（慈覚大師のおられる）霊崛に納め奉ります。願くは此の地に参詣される方々にも、必ずこの経を礼拝していただきたいものです。この縁は一見一聞ではあってもたいへんご利益があります。上には弥勒菩薩が住むという知足（兜率天）の雲に游ぶようなもので、西には安養（極楽浄土）の月を親しく眺めるようなものなのです。以慶がこの文章を作りました。たいへんありがたいことです。写経の功徳の利益は広く行き渡るのですから、だれも法華経の功徳を疑ってはなりません。

内容の概略

碑文は長文で、この時代には珍しい。法華経を精進加行し如法経書写の規式に即して写したことが記され、慈覚大師の霊場であるこの地に経塚を営むことを高らかに宣言している。文中の大師であるが、如法経所碑から十四年後の保元三年（一一五八）海門寺木造千手観音坐像に、「出羽国立石寺慈覚大師霊木」とあるので、慈覚大師と考えられる。

経塚は霊場の基点でもあるので、十二世紀の半ばにはこの地が霊場として本格的に定められたと見ることもできる。さらに現根本中堂東側の地からは仁安二年（一一六七）三月二十三日の紀年を持つ、定果坊が納めた経筒被蓋も出土している。おそらく立石寺境内には次々と経塚が営まれたのであろう。なお、このことについては菅野成寛氏も分析を加えているので、併せて参考にしていただきたい（菅野二〇一〇）。

次に如法経所碑について、記される内容と碑形について、日本さらには東アジアに視野を広げ検討してみたい。

如法経文言を持つ碑の広がり

まず文言の初出は、九世紀初め群馬県桐生市山上多重塔（延暦二十年〈八〇一〉）、ついで熊本県宇城市浄水寺碑（天長三年〈八二六〉）にも記され、平安時代前期には全国に展開した。不思議なことにそのあと十世紀代には消滅する。本格的に展開するのは十一世紀後半となる。その後、十二世紀代には九州から東北までの広い範囲で如法経碑は出現する。立石寺如法経所碑の年代に前後する、関係資料を抽出すると次のようになる（出典と地名表記は歴史考古学研究会『石造品銘文集』一〜五）。

○永保元年（一〇八一）熊本県上益城郡御船町如法経ノ碑（六角柱状）
十二月／永保元年辛酉／廿三日／如法々花経一部如法書　畢
○永久二年（一一一四）京都府綾部市河牟奈備神社如法経碑
阿上社／妙法蓮華経安置所／永久二年歳次八月十四日僧院暹記之／甲午
○（立石寺　如法経所碑　天養元年）
○久安四年（一一四八）岐阜県大垣市赤坂町妙星輪寺如法経碑
如法経／久安／　二二年
○文治五年（一一八九）岐阜県養老郡養老町多岐神社如法経碑
（施カ）／願主土佐権守紀明棟／如法経／女施主藤原氏／文治五季己／酉／八月廿八日
乙／卯／勧進僧能仁
○文治五年岐阜県大垣市正円寺如法経碑
願主　増栄／女施主宮道氏／文治五季己／如法経／酉／九月廿三日庚／□／勧進宗暁
寺／同心緇素等
○文治五年岐阜県養老郡養老町多良観音寺跡如法経碑
願主　慶覚／文治五年己／如法経／酉／十月十四日庚／午／　同心多良郷／緇素□□

なお、これ以降、鎌倉時代（嘉元二年〈一三〇四〉滋賀県犬上郡甲良町西明寺宝塔）と室町時代（貞和四年／正平三年〈一三四八〉京都府宮津市府中成相寺への旧参道如法経板碑）にも如法経の銘文を持つ碑は造営される。

興味深いのが、織田信長焼き討ち後、比叡山再興に重要な役割を果たした、横蔵寺《よこくらじ》のある岐阜県の事例で、文治五年に集中して三基出現するのである。山路裕樹氏はこれら文治の紀年を持つものは同時期に願主が結集して経塚の標識として営んだものであり、この地で如法経供養が進められたのではないかという（山路二〇二〇）。地域に如法経を規式に基づいて供養する講集団が形成され、経塚の造営を含む行為が全国で行われていたことが考えられる。日本国内に十二世紀段階で広く如法経の規式にのっとった書写が行われ、その最北の事例が立石寺の如法経所碑と見ることができる。

如法経所碑の形は孤児か

如法経所碑は頭部が三角形（圭頭）をなす石造物として日本最古である（平川一九九三）。この形は十三世紀代から出現する関東地方を中心とする板碑《いたび》（中世の石製供養塔婆）との類似が思い起こされる。如法経所碑は二条線を刻まない点で相違するが、板碑との関係はないのだろうか。実は頭部が三角形となる資料は板碑発生以前から知られている。

まず十一世紀代の土製品は、岡山県倉敷市にある安養寺経塚から出土した土製塔婆型題箋がある（千々和一九八七）。ついで石川県珠洲市野々江本江寺《ののえぽんこうじ》遺跡からは、木製板碑一基と木製笠塔婆二基の合計三基の木製塔婆類が出土し、年代測定結果は十一～十二世紀半ばと算定された。ついで、長野県千曲市社宮寺遺跡から、十一世紀代の六面木幢《もくどう》にともなう頭部が三角形となる木製風鐸《ふうたく》が出土した。さらに十二世紀後半代の木製品は、佐賀県佐賀市大西屋敷遺跡一区の井戸から出土した木製卒塔婆と、佐賀県神埼市城原三本谷南遺跡の木製塔婆（中島二〇一二）がある。十一世紀代から日本の広い地域で、圭頭をなす資料が作られてきたことがわかる。

以上の事例を踏まえれば、この形は、まず十一世紀代に表現形を整え、経塚出土の題箋や六角木幢を装飾する風鐸の表現に使用された。ついで十一世紀代後半から十二世紀代になると、野々江本江寺遺跡に見られるような木製板碑へと発達し、小型の木製品としても作制された。こうした形の一つが立石寺の如法経所碑と理解することができる。

さて、この形は日本独特のものなのであろうか。中国山東省の省都済南市石刻芸術博物館に、石造物調査でお伺いしたときに大変興味深い資料を拝見させていただいた。圭頭をなす唐代の墓標である。頭部は圭頭となり、形態は関東地方に分布する板碑に近い。銘文によれば貞観十一年（六三七）の造営になる。こうした圭頭をなす石碑は漢代から営まれる。こうした資料との関係もまた興味深いところである。

さて、慈覚大師入定窟には、もう一つ如法経に関連する史料がある。

打ち付けられた五輪塔と阿弥陀経

立石寺の康元二年（一二五七）木造五輪塔（一八・二センチ）は金棺蓋内側（蓋板桟横）に打ち付けられていたものである（図37）。普通の五輪塔とは形が違い、基礎にあたる地輪が長い納経容器である。「康元二年六月十四日本願　建長八年九月四日　熊野御山夢想阿弥陀経ヲ如法経ニ　書写ス示現ノ経也」の銘と、五輪種字が墨書され、紀州熊野の僧による来訪と納入が記されている。地輪に前年建長八年（一二五六）に書写した『仏説阿弥陀経』が納められ、これを

図37　康元二年銘五輪塔（立石寺所蔵、東北大学大学院文学研究科東洋・日本美術史研究室提供）

如法経の規式で書写したと記す。

樋渡登氏は、納められた片仮名交じりの朱書『仏説阿弥陀経』は、鳩摩羅什《くまらじゅう》訳本の流布本系統に属するものであると見る。口頭的色彩が強く円仁が入唐して我が国にもたらしたという「引声阿弥陀経」に因み、曲調をもって阿弥陀経を諷誦《ふじゅ》することを、片仮名を交じえ発音を忠実に写そうとした可能性があるという（樋渡一九七九）。立石寺に来訪する者たちには口誦の世界も重要なことであった。霊場の教主である慈覚大師に結縁するためには、経典の書写が規式どおり如法であるばかりでなく、口誦までもが規式に従う必要があったことを示しているのではなかろうか。

夢想により経を納めたという内容も興味深い。熊野は紀伊半島南部にある、熊野三山〈熊野本宮大社〈熊野坐《くまのにます》神社〉・熊野速玉《はやたま》大社〈新宮〉・熊野那智大社〉のことである。世界遺産となっているので訪れた方も多いのではなかろうか。熊野の僧はおそらく聖《ひじり》であり、移動しながら独り修行を重ねる僧である可能性が高い。熊野聖はなぜ立石寺に来訪することとなったのか。契機となったのは夢想つまり夢で告げられること、夢告《むこく》であったという。夢告により如法に書写し、おそらく奉納する先も慈覚大師霊場の立石寺と、夢告に含まれていたのであろう。

夢は現在では単なる睡眠の際に現れる一現象と理解されているが、中世には夢占《ゆめうら》などが盛んに行われ、現実世界に結び付くさまざまな予兆を知らせてくれるものでもあった。そして、熊野の神は夢によく関与することができた。『古今著聞集』巻一の二八話に「助僧正覚讃、夢に若王子託宣の歌を賜る事」が載る。覚讃は先達の山伏であったが、五十歳になっても出世とは無縁であった。それを嘆いて若王子《にゃくおうじ》に和歌を捧げたところ、夢の中で返事を得、のちに夢は実現したという物語が残る。

熊野信仰と東北

東北でも熊野は深く信仰され、その中心的な存在は、宮城県名取市の名取熊野三社（新宮・本宮・那智）である。ここに残る名取老女の伝説に夢が関係している。「昔、陸奥国の名取の地に一人の巫女《みこ》がおり、深く熊野権現を信仰し、毎年紀州熊野に参詣していましたが、年老い、参詣できなくなったので付近に小さな熊野三社を建てお参りしていました。その後、旅の山伏に紀州熊野権現のお告げがあり、夢がさめ枕上にあった一葉の梛《なぎ》の葉を見ると虫が喰ったような跡が現れ、それをたどると「道遠し年もいつしか老いにけり　思いおこせよ我も忘れじ」という和歌となり、（中略）保安年間（一一二〇～一一二四）に、現在の高舘熊野堂と吉田に熊野三社を勧請されたと伝えられています」（名取市ＨＰ『名取老女の碑』）とある。夢が老女の熊野信仰に強い力を与えている。

名取熊野三社に立石寺の経典が貸し出されていた（『新宮寺一切経』）ことは先ほど述べたところであり、二口街道を通しての結び付きが深い。

立石寺には熊野聖以外も往来していた。元久二年（一二〇五）根本中堂の修造と薬師如來と日光・月光菩薩・十二神将像の造立の際、聖たちは勧進を展開した。仏像胎内に大勧進と小勧進聖の記名が残る（竹田一九八六）。

次に、話を変えて円仁に始まる如法経書写が、現在どうなっているのかを見てみよう。

如法経書写と立石寺

如法経書写は法華経を写すことが多い。兜木正亨氏によれば伝統に立って如法経の行事を恒例として実施しているのは、比叡山・山形県立石寺・京都鞍馬であり、近年まで行われていた泉涌寺別院雲竜院・岡山県上寺山の如法経書写はいずれも法華経であるという（兜木一九六二）。また、如法経書写を行う道場は如法堂であり、比叡山の諸堂を記す『山門堂舎記』の根本如法堂の記事に「石墨草筆手自書写法花経一部」と、円仁が根本如法堂で石墨草筆《せきぼくそうひつ》を用い、法華経を書写したことが記される。

石墨草筆とは、書写にあたって普通は使用する墨と筆の代わりに、石と草の茎を使用して経典の書写にあたるというものである。墨は油煙で作るのでこれを避けて硬い石を用い、これを磨る硯は柔らかい石とし、墨を使わずに薄墨のような色を出している。さらに獣毛筆を避け、草であるヨモギの茎を用いて筆にあてるという。

規式に従い如法経書写が盛んに行われた、鎌倉時代の規式は次のようなものであった。関根大仙氏によれば、まず、最初に正懺悔に入る前の七日間に「前方便」として、「堂荘厳事」「諸文」「行水事」と進む。次の二回目から三回目の七日間に「正懺悔」が行われた。四回目の七日間にようやく「如法経筆立作法」に入る。石墨草筆と清浄な横川の水を使って経を記すのはまさしく法身文字であり、三世諸仏と三身如来の正体であると意味が示される。覆面をつけ清浄を守って事あるごとに五体投地（両膝・両肘・額を地につけて、尊者・仏像などを拝する）を繰り返し、まさに如法に書写が進むのである。必要な期日は「前方便」に七日、「正懺悔」に十四日、「如法経筆立作法」に七日、さらに「如法経筒奉納次第十種供養」が必要であるから、三十日前後に及ぶという（関根一九六八）。

現在も立石寺如法堂において石墨草筆による如法経書写が伝えられている。

残念ながら中世に遡る立石寺如法経書写の記録はない。だが、如法経書写の道場である如法堂の出現は三期の南北朝期に遡る。現在は奥の院と呼ばれる如法堂の初出は、延文四年（一三五九）立石寺銅鏡銘の「如法堂普賢　奉施入為妙香菩提　延文四年六月十一日」である。如法堂に祀られる普賢菩薩へ寄せて、縁者である妙香の菩提を弔ったものであろう。如法堂は如法経書写の道場であり、立石寺の如法経書写は十四世紀には存在したとも考えられる。

立石寺如法経書写の歴史

ついで記されるのが天文十三年（一五四四）の「円海置文」であり、如法堂が立石寺の中心堂舎と意識されている。さらに、天正十四年（一五八六）最上義光「浦山光種副状」（油田寄進の副状）には、「如法堂輪番」とある。『羽州山寺立石寺縁起』には、如法堂輪番の僧が如法経書写に関係することが記される。のちに述べるが、正徳二年（一七一二）には、比叡山が立石寺で如法経書写が守られていることを把握してもいる。

江戸時代に入ると記録が増加する。寛延三年（一七五〇）の『年中行事諸役帳』に「一、閏年霜月廿八日、奥院江聖書写之経奉納、於如法堂惣礼回向、次於大師堂行堂儀法勤之」と記される。奥の院の聖が経を書き閏年の十一月二十八日に納めたと記され、この期日は今も変わりなく守られている。

江戸時代末の『羽州山寺立石寺縁起』には、如法経の書写がより詳しく記される。「勤行の規則は山上の住僧一人一ヶ月以て順番に堂の偏舎に止宿し、朝にハ始夜より沐浴斎戒清服律衣を御着し、供華焼香礼懺行道、昼夜三時懈らす、石墨草筆を以て、浄紙の経紙に七行半の法華経を書写し、開山大師の軌則を如法に守り、参詣の常俗滅罪、生善生仏浄土の法を怠らす（後略）」と山上の僧が順番で当番にあたり身を清浄に保ちながら、花を飾り焼香を捧げ、行道を勤め昼夜を通して、石墨草筆の如法にて法華経を一日七行半書写するという。

明治時代の『山寺名勝志』には「昼夜懈らず、山門横川の法式を模し、石墨草筆を以て浄紙に一日七行半の法華経を書写し、潤月の年十一月二十八日写し畢りたるものを、開山堂の傍なる納経堂に奉納す（後略）」と記される。また、法華経を写す石墨草筆の水は、立石寺山麓の山寺七石の一つ硯岩の水を使うという。

近年の事例は、立石寺住職であった清原浄田師による解説がある。これによれば、如法堂（奥の院）で、法華経一巻を山上寺院の住職たちが石墨草筆にて規式に従って書写し、四年に一回ある閏年十一月二十八日に、納経堂に納める。四年一会の当番にあたった僧は七日前から修行に入り、朝早くに多くの地元参詣者とともに、奥の院から開山堂まで行列し、納経堂に奉納するという（清原一九八九）。

この納経堂は最上義光《もがみよしあき》の奉納になり、修理はあるが慶長四年（一五九九）の棟札が残り山形県指定文化財となっている。堂は約一八〇センチ四方、高さは約三四〇センチほどの小さい建築であるが、朱色に塗られ、百丈岩の頂に独立して建つ姿は美しく、立石寺の見所となっている。

立石寺如法経書写と比叡山

さて、如法経書写を続けるとしても、それには人員の配置から始め、それを支える経費の問題など、維持は大変困難なことである。このため多くの寺院でこの重要な宗教行事は消滅していった。比叡山においてすら政変や災害のため如法経書写を継続することは、なかなかに困難なことであった。立石寺は比叡山如法経書写復興に重要な役割を果たした。

景山春樹氏によれば、江戸時代前期の立石寺如法経書写が、比叡山に影響を与えたという。正徳二年四月三日条の比叡山『別当代日並記』に、如法経書写は「末流末寺ニハ之有」るが、肝心の横川の如法経書写は途絶えたため、復興の議論が起こったことが記される。「元亀兵乱から百四十一年を経たこの年の春、祖山における重要法議の衰退を憂えた東叡山の肝いりに基づいて、はじめて復興の端緒をもつこととなったのである。この当時にはすでに円仁流の如法書写会は、山形の立石寺にその伝統をかろうじて留めていたということで、この時もそこの流儀によって」復興を試みることになったらしい。「そののち正徳六年が円仁の八百五十年忌に相当するというようなこともあって、毎年七ケ日を限度とする如法会は幕末までとにかく続けられて来たようである。しかし明治初年の寺領上地や廃仏毀釈など法難の影響をうけて中絶（中略）大正二年に円仁の一千五十年遠忌を迎えた年に」その年だけ復興、大正十一年浄財の寄付を受けて如法財団を設立して今日の如法書写会にいたっているという（景山一九七八）。正徳二年の比叡山如法経書写復興は、立石寺の如法経書写を参考にしたというのである。

不滅の法灯の返還といい、如法経書写といい、立石寺は比叡山と深くつながり、遠く出羽国から天台宗の歴史を保ち支える、重要な寺院であることを示している。

中世の納骨と信仰

霊場立石寺は二期で霊場として確立し、三期の十四世紀代に納骨行為が始まり、四期から江戸時代十七世紀以降に盛んになる。納骨は骨などの一部を霊場など特定の場所に納める習俗のことである。個人的な体験だが、家族の葬儀で火葬骨の大部分は先祖代々の墓に納め、頚椎の一部を京都の寺の共同納骨所へ納めたことがある。

立石寺納骨の展開

中世立石寺の納骨は、二期に霊場としての位置付けが定まったのち、三期（十三〜十四世紀）に、風穴（岩屋）への小型石塔類・木製五輪塔の施入とともに開始される。なお、仏像内にも納骨が行われている。山形県指定文化財となっている木造薬師如来立像（宝物

図38　山上参道周辺に穿たれた風穴内部の五輪塔

殿安置）は鎌倉時代盛期の中央仏師の作と考えられる仏像であるが、背後の右裾上に枘穴《ほぞあな》があり、紙包みの骨片が納入されていた。こうした納骨行為も行われたのである。

三期の風景を残すのは山上の入り口、仁王門の右上の風穴に納められた五輪塔である（図38）。今、参道周辺に散在する五輪塔や宝篋印塔、板碑などは、かつては露岩に無数に穿たれる風穴に納められていた。三期の風景は風穴に整然と五輪塔や木製小型五輪塔などが納められ、近くには堂宇が建ち並ぶものであろう。そこが納骨の場でもあった。この風景は、香川県の四国八十八ヶ所霊場第七十一番札所弥谷寺《いやだにじ》の磨崖五輪塔群と通じる。ここでは参道脇の岩肌に多数の五輪塔（平安時代末期〜南北朝時代中心）が刻み込まれ、これには納骨孔を持つものがある。

四期（十五〜十六世紀）には、膨大な数の庶民信仰資料（納骨と供養の柿経・笹塔婆など）が納められた。岩の隙間や風穴にごく小型の板碑や五輪塔、柿経《こけらきよう》などが、故人の骨の一部とともに納入された。おそらくこの時期に三期に納められた五輪塔などは、もとあった風穴から整理されたのではないかと思われる。聖の活動が活発化し、近世の納骨霊場への基盤が整えられる段階である。この時期、奈良県の元興寺極楽坊には三〇〇〇基を超す納骨塔婆が納められ、そのほとんどが五輪塔である。東北でも福島県会津八葉寺《はちようじ》の納骨五輪塔、岩手県平泉町中尊寺金色堂の納骨容器などが見られ、寺院への納骨が盛んとなる。時枝務氏は立石寺納骨は十四世紀に始まったが、岩塔婆などが多数刻まれて納骨が隆盛したのは十七世紀になってからのことであると見る（時枝二〇一八）。さらに、四期以降には、山上の骨堂への納骨が盛んになり現代につながる。

納骨は葬送儀礼の一つだが通常の墓地へ葬らずに、なぜ特定の場所に納骨するのか少し触れておきたい。藤澤典彦氏は納骨と蔵骨という言葉に注目し、蔵骨は奈良時代以降の火葬にともなう荼毘後の遺骨を保存する行為とし、納骨は保存した上でさらに遺骨の一部を浄土と見なされる地などへ納める、死者の極楽往生を可能ならしめる呪的行為であるとする（藤澤典一九七八）。狭川真一氏は、通常の個人の墓所ではないところ（霊場や共同納骨所など）へ骨の一部を奉安する行為とする（狭川二〇一六）。納骨とは、霊場など特定の場所に骨を安置することによって、死者の極楽往生を願う行為であると考えられている。立石寺のような慈覚大師に結縁することで極楽へと導かれる霊場は、納骨場所として相応しい。

納骨と火葬の広がり

納骨は土葬でも火葬でもできるのだが、仏教信仰と関連しながら火葬と納骨がセットとなり広い階層に広まることが、中世の大きな特徴といえるだろう。このため中世は火葬の時代ともいわれるようになる。

仏教と火葬の強い結び付きは釈迦が火葬されたからである。『長阿含経』（巻三遊行経）には、涅槃《ねはん》に入る釈迦に対して弟子の阿難がいかなる葬法を取るべきか尋ねたところ、転輪聖王の葬法である火葬を執れと指示したとあるという。日本の火葬の初めは僧道昭（六二九〜七〇〇）という。白雉四年（六五三）に遣唐使として唐に渡り有名な玄奘三蔵の弟子となり学んだ。死後に火葬されたのが、記録に残る火葬の初めとされる。

平安時代末から鎌倉時代にかけて火葬が目立つようになってくる。この動きは平安京の貴族層から始まった。のちに火葬は新興武士層など地域有力者にも受容され、納骨行為と共に庶民層へと拡大した。有名なのは高野山への納骨である。

高野山へ納める最初は遺髪を納めるとの記事である。『中右記』天仁元年（一一〇八）正月十三日条に、亡くなった堀川天皇の遺髪（毛髪は舎利）が見つかったので、これを高野山に法華経を添えて納めたという。一般民衆の高野山納骨も聖などの活躍を通して、このころに始まるという（藤澤典一九七八）。立石寺でも江戸時代後期の『奥之院小聖掟』によれば、歯骨とともに毛髪が納められていた。骨と毛髪は違うが、両方とも舎利であると考えられていたためであろう。高野山への納骨について狭川真一氏は、『高野山春秋編年輯録』治承三年（一一七九）に、僧俊寛の遺骨を高野山奥之院に埋納したのが、記録の上で最初ではないかという（狭川二〇一六）。十二世紀代に記録上は確認することができ、ついで十三世紀中ごろに、部位の選択が進み納骨量が少なくなるという大きな変化が起こる。これは高野聖のような勧進聖が一人で多くの遺骨を持ち運びするためと考えられている。遺骨を複数の寺（奈良県元興寺〈図39〉・法隆寺・当麻寺）に納骨する行為はこれを裏付けている。

図39　元興寺極楽坊（奈良市所在）

立石寺の聖の活動は、二期から活発になることは、先ほど見たとおりである。しかし彼らの平安時代末の活動に納骨が含まれていた可能性があるが判然とはしない。本格的な納骨は、むしろ三期に明らかになる。二期は納骨の基盤が整えられた段階ではなかったろうか。

立石寺には二期に複数の経塚が営まれるが、これもまた中世墓地の営みと重なる。経塚と墓地の関連性について、藤澤典彦氏は中世墓の特徴を四つ挙げる中で、墓地は弥勒下生を待つ場所であるため墓地造営の最初に経塚が営まれることがあると見る（藤澤典二〇〇七）。経塚の営まれる弥勒下生の場所に納骨することは、極楽往生を期待できると考えられたのであろう。経塚造営の教科書ともいえる『如法経現修作法』（『大正新収大蔵経』悉曇部第八四巻・如法経現修作法）には「奉納所横川如法堂。其外之霊地聖跡等。或所住之寺。或亡者墳墓之近辺。随意不定也」と記され、立石寺のような霊地・聖跡、さらに墳墓の近辺は経典が納められる場所として相応しいとも記されている。

慈覚大師入定窟が整えられ、さらに如法経所碑に表れる経塚の造営などを経て、二期の平安時代末に、納骨に相応しい場所と理解される準備が整えられたのではなかろうか。こうした状況を経て、立石寺では三期の鎌倉時代半ばごろから納骨とそれにともなう供養などの儀礼が盛んに行われるようになるのであろう。

次に視点を広げ、納骨のために必要な火葬とその周辺について、中世奥羽の二期から三期にあたる時期の様相を把握してみたい。

中世奥羽の火葬と墓地の展開

立石寺二期にあたる時期をまず見てみよう。中世奥羽の火葬の最も古い資料は、平泉藤原氏と関わりの深い青森県黒石市十三湊《とさみなと》の山王坊遺跡で発見された。骨壺は瀬戸焼の無釉四耳三筋壺《むゆうしじさんきんこ》であり、古瀬戸草創期で十二世紀末に位置付けられ、全国的に見ても類例が少ない資料である（藤澤良二〇

○一）。中には火葬骨灰とともに砂が施入されていた。

この砂が重要である。福山敏男氏は、『類従雑例』に収められる『左経記』長元九年（一〇三六）五月十九日条の後一条天皇の葬儀について整理している。後一条天皇は、長元九年四月に清涼殿で崩じた。荼毘が終わると、酒でその火を消し、呪土砂を散じ、骨を拾い茶碗（釉薬をかけた陶磁器一般のこと）壺に入れ、梵字の真言書を結び付け、砂を入れ茶碗器で蓋をし、これを左中弁藤原経輔が首に懸けて浄土寺に納めたという（福山一九八三）。砂について、山内紀嗣氏は真言密教の葬儀に見える「土砂加事作法」という、神聖な土砂を葬儀に使用する事例を報告している。この砂には、剛化した死体が柔軟になり、墓地に散ずれば百万遍の誦経にも勝る功徳があり、生前の罪障が消滅し極楽へ行ける力が期待されたという（山内一九八八）。同様な記載は、平安時代の天皇や上皇などの階層の葬送の次第を記した『吉事略儀』や『吉事次第』にも見出すことができる。

四耳壺に納められた砂は呪土砂・加持土砂の可能性がある。平安期の天皇家や上級貴族の葬儀に連なるような儀礼的世界が、北奥の十二世紀代の葬送に早くも存在していたことがわかる。さらに中尊寺金色堂に納められた、平泉藤原氏ご遺体の葬送儀礼痕跡は『吉事略儀』に見える儀礼との共通性も伺える。畿内近国に多く見られる屋敷墓（屋敷の中心建物の傍に土葬墓を設ける）も少数であるが発掘事例がある。立石寺二期にあたる時期は、中世奥羽において葬法や供養に畿内近国で盛んに行われていた法式の影響が及び、大きな変化のあった時期と見ることができる。

立石寺三期にあたる十三世紀後半から十四世紀になると火葬はより広く見られる。宮城県大崎市岩出山境の沢遺跡では、康暦三年（一三八一）の紀年を持つ板碑と、骨蔵器と考えられる瓷器系陶器の甕が出土している。青森県平鹿町の五輪堂遺跡（曽我氏の寺院跡とも）でも多数の火葬墓が発掘され、周囲の板碑には鎌倉時代から南北朝の紀年（嘉暦二年〈一三二七〉・嘉暦四年・貞和二年〈一三四六〉）があった。銘文には供養文言（「成仏」「悲母」「菩提」）が記される。火葬土坑（火葬のために地面に掘った穴）も存在する。

墓地には供養の一環として納経も行われた。宮城県名取市大門山遺跡では石組の中に火葬骨を埋納し、「十羅刹女　如法守護　五六番神」と刻まれた、乾元二年（一三〇三）の紀年を持つ納経供養碑が検出されている。

さらに、一族が一つの墓所を定め継続して供養を行うことが確認できる。山形県酒田市延命寺境内にある興国七年（一三四六）弥陀・薬師・逆修板碑と、延文四年（一三五九）十二仏種子曼陀羅板碑には、善阿という人物が登場する。善阿は興国七年に自らが逆修碑を営み、ほどなくして死去し、延文四年には孝子（子供）が菩提を弔っている。延文四年板碑は、おそらく忌日法要にともなって営んだものであろう。両者の間隔は十三年であるため、一・三・七・十三年忌のいずれかの法要にともなって板碑を営んだ可能性が高い。ここは地域の有力者である善阿一族の墓所であり供養の場であったためであろう。同様の事例は青森県の日本海側、深浦町関の古碑群にも存在する。

立石寺二期の十二世紀代の平安時代末ごろ、火葬が儀礼を含め東北地方北部にまで及んだ。ついで三期十三世紀代の半ばから十四世紀後半にかけて、火葬は東北地方全体にまで面的に広がり、一族の墓地が定められ供養が重ねられるようになったのである。同時に特定の場所への納骨が確認されるようになってゆく。三期の火葬と収骨さらには納骨についてさらに詳しく知ることができる。

納骨の広がり──収骨・納骨

宮城県仙台市柳生に所在する松木遺跡の火葬土抗では、残されていた火葬骨の分析が行われた。人骨二〜三体分の焼骨が出土し、「歯は非常に少なく、わずかに、歯冠をまったく欠損した歯根部が一点出土しているだけである。下顎骨・上顎骨には歯槽が残っており、焼かれた時点では歯は残っており、（火葬）以前に抜去されたのではないと推定される」という（仙台市教育委員会一九八六)。つまり火葬後、下顎・上顎から歯骨のみ収骨し、別のところに運び納骨したのであろう。仙台市中田の中田南遺跡でも、「総量が少ないので、骨壺に納められた後に残った部分の可能性がある」という。これまた火葬後必要な骨のみ収骨した結果であろう。

さて収骨された遺骨はどこに行ったのだろうか。田中則和氏のご教示によれば宮城県松島町の雄島《おしま》に納骨されるのではないかという。雄島は瑞巌寺《ずいがんじ》の境内地であり、主要伽藍から南側、松島湾に浮かぶ南北に長い風光明媚な小島である。ここは歌枕の景勝地であり、験力の強い聖人の修行地であった。十一世紀代に見仏上人が庵を結び、超人的な力を身に付け鳥羽天皇にまで聞こえた。さらに十三世紀後半には上人の再来といわれた頼賢が住んだ霊場である。

これらの聖人たちへ結縁し極楽往生を果たすために、雄島の納骨が始まったという(新野二〇一六)。入間田宣夫氏は雄島を「(前略)死者の霊魂があい寄る特別の空間、今生から後生に移行する中間地点、彼岸にいたる橋頭堡(後略)」と表現する(入間田一九九二)。立石寺同様景勝の地である雄島は、この世とあの世の結節点であり、幽明の境であった。

ここには供養のためにたくさんの板碑が営まれた。弘安八年〜貞和六年の十三世紀後半から十四世紀半ばに集中し、周辺の海中からも引き上げられている。一部行われた発掘調

図40　雄島に穿たれた岩窟

査では、板碑の前面に納骨穴を設け、少量の火葬骨が納められているものもあった。田中則和氏は、雄島一面に人為的に穿《うが》たれた岩窟（図40）は、武士の都鎌倉周辺に墓所として営まれた「やぐら」に共通するという（田中二〇〇〇）。奇岩怪石の景勝地を存立基盤とする瑞巌寺は、もとは天台寺院円福寺である。聖人への結縁、納骨霊場の営みである石造物の造営、やぐらと共通する岩窟など立石寺とよく似る。

雄島への納骨　南北朝時代、観応年間（一三五〇～五二）に雄島を訪れた僧宗久は、『宗久紀行』に次の一文を残している。「（前略）すこしへた丶りて小島あり、これなんをしまなるへし、小舟につなをつけて、くり返しつ、かよう所なり、此のしまに寺あり、来迎の三尊ならひに地蔵菩薩をすゑたてまつれり、をしまより南一ちやう計りさしいて、、松竹おいならひて苔ふかく心すこきところあり、此国の人はかなく成りにける遺骨ををさむる所なり、その外発心の人の切りたるもとゆひなともおほくみゆ（後略）」と記す。

想像の域を出ないが、松木遺跡で火葬後収骨された歯骨は、おそらく近親者の手で、中世奥羽の幹線である奥大道を北に向かい、松島雄島へと運ばれたのではなかろうか。そこは此の国の人々の遺骨を納める納骨の霊場であったのである。ここにも毛髪が納められていた。納骨の高まりにより火葬骨納骨が広まり、人々は霊場へ納骨し、そして供養を営んだ姿を示している。おそらく立石寺への納骨もこのようなものではなかったろうか。

話をもとへ戻そう。立石寺にも中世納骨の様相を今に残す地区がある。

中世立石寺の供養と納骨

五輪塔・板碑などの中世石造物が風穴の中に並ぶ三期の風景は、立石寺境内から東に離れた千手院の北側山中、峯裏（地名表記は「山寺宝珠山立石寺絵図」による）地区に残されている。ここには軽装で行くことはお勧めしない。立木が朽ち果てて倒れて道をふさいだり、カモシカなどの野生動物が出没したりするからだ。私はカモシカと鉢合わせをして、危うく道を踏み外しそうになったことがある。もう一つ、もし参詣される方がおられたら、中世霊場に向き合っているという、敬虔な気持ちをくれぐれも忘れないでほしい。

千住院裏手を北側に登ったところに垂水《たるみず》遺跡、さらに西側に尾根を越え沢を降りたところに峯裏《みねうら》遺跡がある。風穴中に五輪塔が並び納骨と供養の風景が残り、風穴は武士の都鎌倉の崖面に彫り込まれる「やぐら」に似る。納められた石造物は、元の位置を動かされているものが多く惜しまれる。

図41　垂水遺跡の岩陰と風穴

垂水遺跡は、風食により凝灰岩に刻まれた蜂の巣状の凸凹と、巨大な切り立った露岩が聳え立つ怪異の地である（図41）。露岩とその下に形成された岩陰、さらにいくつかの風食による風穴と狭い平場からなる。円仁が立石寺来訪の最初にこの地を宿としたという伝承があり、円仁宿跡という岩陰もある。岩陰には、中世に遡るきめの細かい凝灰岩製の五輪塔と板碑の残欠が乱積になり残っている。三期には納骨や供養のための五輪塔や板碑が建ち並んでいたのであろうことを示している。

垂水遺跡から峰を下り降りたところ。風食によって刻まれた風穴と、造成された平地が並ぶのが峯裏遺跡である。ここには風穴に納められた石造物群が残され、中世墓地の風景を偲ぶことができる。五輪塔窟という風穴中に、付近から集められた鎌倉時代から室町時代の石造物（五輪塔・宝筺印塔・無縫塔・板碑など）が乱積されている（図42）。石材は白くきめの細かい上質な凝灰岩質砂岩が多く選ばれ、風穴に納入するのに便利なように一メートルよりも小さいものが多い。これらと法量を同じくする石造物は、山上地区を中心とする立石寺境内と山寺地区のいたるところに存在する。その数はおそらく数百は下らない。

五輪塔（図43①〜④）と板碑（図43⑤）に、次の銘文が残されている。①「文永九（一二七二）壬申五月七日死去也」（図43①）、②「円常房（水輪）庚永三（一三七九）甲申十一月廿四日（地輪）」（図43②）、③「常陸公良快康暦元己未六廿二日」（図43③）、④「明徳三年（一三九二）大阿闍（以下欠）」（図43④）、⑤「為悲母納来永仁四年（一二九六）丙申三月十四日」（図43⑤）。営まれた多数の石造物は、おそらく立石寺僧と地域有力者たちによって納められたものであろう。記名からすれば、②円常坊は立石寺僧であろう。①③④もその可能性がある。僧の母あるいは地域有力者の縁者と考えられるのが⑤永仁四年板碑である。銘文の悲母納来という記銘を手掛かりとすれば、悲母（慈悲深い母）の供養の仏事として納めたと読むことができよう。

石塔は内部に納骨孔と考えられる空洞を持つものがあり、ここに火葬骨が納められたものであろう。ただ、納骨孔を持たない石造物も多く、火葬骨の一部は石造物とともに直接風穴へと納められたものもあろう。まず、墓地と供養の様子を見てみよう。

石造物と納骨・供養

立石寺僧の墓地であるが、五輪塔などの石塔は風穴に納められ、その前面には堂舎が建つ風景を想定することができる。武士の都鎌倉の寺院でも同様な風景が存在し、鎌倉建長寺の塔頭《たっちゅう》と、供養所としての背後のやぐらの関係がそれにあたる。

狭川真一氏は、やぐらの立地に見られる、塔頭寺院と背後の供養所という関係は、鎌倉ばかりでなく日本に広く展開することを指摘している（狭川二〇一〇）。同様な事例は福岡県太宰府市の横岳遺跡にもある（中島ほか一九九九）。峯裏遺跡の①～④の石造物は、堂舎（塔頭寺院など）と、その背後に存在する供養所（風穴中の石造物）の類例と見ることがので

図42　峯裏遺跡の五輪塔窟

◀図43　峯裏遺跡五輪塔窟に集められた石造物

図43①　「文永九壬申五月七日死去也」銘五輪塔
図43②　「円常房　庚永三甲申十一月廿四日」銘五輪塔
図43③　「常陸公良快康暦元己未六廿二日」銘五輪塔
図43④　「明徳三年　大阿闍（以下欠）」銘五輪塔
図43⑤　「為悲母納来永仁四年丙申三月十四日」銘板碑

図43②

図43①

図43④

図43③

図43⑤

きよう。堂舎の主が弟子によって背後の風穴に葬られたと考えられる。

地域有力者との関わりが考えられるのが、⑤「為悲母納来永仁四年丙申三月十四日」板碑である。これは山形市内で最も古い紀年を持つ板碑である。悲母とは慈悲深い母のことであり女性を表す。板碑は小型のものであるから、供養のため風穴に納めるサイズとして誂《あつら》えられたものであり、おそらく同時に母親の遺骨の一部もここに納めたのであろう。

銘文にある永仁四年丙申三月十四日は、母親の死去した日付か、三年忌・十三年忌などの仏事の日付けと考えられる。こうした仏事は中国の『預修十王生七経』が原形とされ、この信仰が日本に伝えられ中世に発達し、『地蔵菩薩発心因縁十王経』（略して『地蔵十王経』）が作られた（速水一九七五）。この内容は「初七日」「二七日」「三七日」「四七日」「五七日」「六七日」「七七日」「百日」「一年」「三年」に、死者は合計十人の冥府の王（十王）の審判を受ける。個人の生前の功徳、さらには縁者の追善の功徳によりある者は成仏し、ある者は人・天さらには地獄へと送られるというものである。このため、現世の縁者たちは死者への供養を欠くことはできない。

圭室諦成氏は『古事類苑』に拠りながら、中陰（死去から七七〈四十九〉日のことが多い）仏事と年忌（死後、年ごとの命日に行う供養）の初出と文献を整理した。七七日『続日本紀』慶雲四年（七〇七）、百ヶ日『日本書記』天武朱鳥元年（六八六）、一周忌『続日本紀』天平宝字元年（七五七）、三年忌『源平盛衰記』文治二年（一一八六）、七年忌『普明国師語録』貞治三年（一三六四）、十三年忌『沙石集』承安元年（一一七二）、三十三年忌『光厳院御記』元亨二年（一三二二）、十七年忌『康富記』宝徳二年（一四五〇）、二十五年忌『親長卿記』明応三年（一四九四）、百年忌『南方紀伝』貞治六年となる（圭室一九六二）。すでに古代には中陰仏事が行われている。中世には年忌が加わり回数が増加することがわかる。

さて、永仁四年板碑に近い時期の追善仏事は、『吾妻鏡』に記された北条義時の事例が参考になるので見てみよう。

北条義時の追善仏事

義時は鎌倉幕府の二代執権であり、幕府の実権を掌握した有力者であった。長寛元年（一一六三）に生まれ、貞応三年（一二二四）六月十三日「十三日己卯。雨降。前奥州病痾已及獲麟之間。（中略）遂以御卒去。（御年六十二）（後略）」と、死去が記される。同年六月十九日には「初七日御仏事」が行われ、六月二十六日には「二七日御仏事被修之」、七月四日には「今日三七日御仏事也」、七月十一日「今日四七日御仏事」、七月十六日「五七日御仏事」、七月三十日「今日四十九日御仏事也」、八月二十二日「故奥州禅室百ヶ日御仏事。今日被修之」と、死去した年は仏事が重ねられた。

次の年、嘉禄元年（一二二五）六月十三日には「今日相当故京兆周闋。武州新造釈迦堂被遂供養。導師弁僧正定豪。請僧二十口。相州已下人人群集」一年忌が営まれている。翌嘉禄二年六月十三日には「十三日丙申。晴。迎右京兆第三年忌辰。依之。大慈寺釈迦堂被供養之。導師求仏房。施主武州也」とあり三年忌が、さらに嘉禎二年（一二三六）五月二十七日「廿七日壬午。武州被進発。是依相当故右京兆十三年。於北条為被修御仏事也」には十三年忌の追善供養が行われている。

義時の事例では、死去ののち「初七日御仏事」→「二七日御仏事」→「三七日御仏事」→「四七日御仏事」→「五七日御仏事」→「四十九日御仏事」→「百ヶ日御仏事」と連続して営まれ、さらに一年忌の「故京兆周闋」→三年忌「右京兆第三年忌辰」→十三年忌「右京兆十三年」と仏事が重ねられている。このほかに臨時の仏事や供養も行われている。

ときの権力者の仏事の営みは、地方の石造物造営の主体者へ強い影響を与えたであろう。峯裏遺跡の永仁四年板碑にある為悲母納来文言は、霊場として点定した場所に、近親者が供養（一・三・七・十三年忌など）を継続していた証しであると見ておきたい。一族で信仰を寄せた霊場へ納骨をし、そこは追善仏事を行う場となったのではなかろうか。

さらに、この時期の木造五輪塔には「道阿弥陀仏慈父」と記される。ついで立石寺銅鏡銘に妙香菩提が記され、木造薬師如来立像には納骨孔が設けられる。これらも地域の有力者たちの、霊場立石寺への納骨と供養に関わる資料である可能性が高いのではなかろうか。

中世の納骨が盛んになった三期は、寺僧と地域有力者層の納骨が確認される。慈覚大師に結縁して、極楽浄土へ導いてもらうことを意図したものであろう。では、雄島の納骨の事例が示すように、広い階層の納骨の場であった可能性はないのか。三期を中心とした時期に立石寺に納められた石造物が数百にものぼることを考えれば、特定の階層とだけ結び付いたのではない可能性があるが、残念ながら資料がなくよくわからない。

次に葬送に関連する遺構であるやぐらと立石寺の風穴について比較検討してみたい。

やぐらの波及

風穴と類似する遺構に中世都市鎌倉のやぐらがある。これは鎌倉時代中ごろから室町時代前半にかけて作られた墳墓の一型式である。凝灰岩質の山の斜面を横穴状に掘り内部を仏堂のようにし、遺骨を埋葬し、さらには供養のため石仏や五輪塔・板碑などの石造物を彫ったり納めたりしたもので、岩壁に穿たれた横穴式の墓ないしは供養所である（河野一九九五）。立石寺では崖面に横穴を掘るかわりに、一山の露岩に穿たれる風穴を活用し、供養所として利用したと考えることができる。

実は、やぐら状遺構の類例は日本に広く展開し、鎌倉や房総半島、九州地方と宮城県松島町雄島、さらには能登半島にも石川県志賀町地頭町中世墳墓窟群（図44）など五例ほど存在する。峯裏地区の風景も全国的に展開するやぐらの一様相として捉えられるであろう。

さて、このやぐらのルーツを南宋代の中国に求める説がある（田代一九九三など）。日宋貿易を通して日本と関係の深かった、南宋の寺院石窟に類例を求めるというものである。例示されるものに南宋の首都であった、浙江省杭州市霊隠寺の石窟群がある（図45）。この境内左側の小川に沿う、飛来峰という巨大な露岩に営まれる一大石窟群がそれにあたるという。ここには五代から明代（十～十七世紀）の石刻が四七〇ほど刻まれ、うち特に三三五は残りが良い。おのおのの石刻は二～三メートル程度の方形の仏龕《ぶつがん》に刻まれるものが多く、やぐらの中に設けられる尊像・石造物のありかたとよく似ている。たしかに日本と宋は仏教を通しての関係が深く、両者の遺構も類似するが、これからの検討が必要であろう。

本院跡の発掘調査

やぐらと類似する風穴がある本院地区で発掘調査が行われている（川崎ほか二〇一一）。やぐらと堂舎の関係とともに、発掘資料から

図44　地頭町中世墳墓窟群

図45　中国浙江省杭州市霊隠寺の石窟群

峯裏遺跡の変遷を知ることができる貴重な事例であるので紹介したい。ここは、現境内域が形成される以前の「古山寺」であるという伝承がある。

五輪塔窟近くの平坦地で発掘調査が行われ、中世に遡る資料群が出土した（図46）。調査内容については佐藤庄一氏・新関孝夫氏からご教示を賜るとともに、資料の提供を受けたので感謝したい。

注目すべき遺物として、①火葬骨片（図46①）・②中国からの輸入陶磁器片（図46②）・③国産陶磁器片（図46③）・④五輪塔破片（図46④⑤）・⑤板碑破片（図46⑥）がある。①は人体の頭蓋骨であり、火葬の際に生じた高温による収縮とひび割れが残る。②は中国南宋代の青白磁梅瓶破片である。薄手であり独特の青みを帯びた表面には渦文が躍動的に施されている。③は国内産の唐津焼である。十六世紀後半の胎土目を持つ小皿である。④⑤は鎌倉時代から南北朝を中心とする時期のもので、紀年銘のある五輪塔・板碑の造営に重なる。

こうしてみると、立石寺三期（①・②・④・⑤）と立石寺四期後半（③）に重なる資料が存在することがわかる。資料から風景を想像してみよう。

立石寺三期には、平場に堂舎が建ち並び、背後のやぐらと共通する風穴には石造物が納

図46②　中国輸入陶磁器片

図46①　火葬骨片

図46④　五輪塔破片

図46③　国産陶磁器片

図46⑥　板碑破片

図46⑤　五輪塔破片

図46　本院跡出土遺物

められていた。火葬骨の一部を納骨し、五輪塔・板碑を造営する供養の場所であった。堂舎には舶来物の青白磁梅瓶が仏具として使用されていた。薄手で大型の品物であり上質である。これは一対二点で使用するものであるから、もう一点存在したのであろう。この堂舎や青白磁梅瓶は、ここに信仰を寄せる地域有力者の奉加によるものであったかもしれない。人々はこの堂舎で法要を行い、背後の風穴や石造物内部に納骨したのであろう。残された親族はここを供養の場として追善供養を重ね、そのたびに板碑などを継続して納めたと考えられる。二期に確立した慈覚大師への信仰のもと、納骨により結縁を果たし極楽往生を願ったのであろう。残念ながら三期後半から四期前半の資料は見当たらない。おそらくこの時期には堂舎はいったん廃絶したのかもしれない。

ついで姿を明確にするのは立石寺四期後半の時期になる。最上義光による立石寺の大規模な修造の時期とも重なるので、おそらくこの時期に堂舎が再興されたのであろう。庶民信仰が盛んになり納骨が広い階層に行われた時期にも重なる。ただし柿経などの庶民信仰資料はここでは見つかっていないので、供養の場の中心は現在の立石寺境内域へと移っていた可能性がある。江戸時代の資料がほとんど出土していないこともこれを裏付けている。出土した唐津焼の皿は、仏具と考えられるものではなく、供養と納骨の資料も見当たらない。この時期、峯裏地区の堂舎群は小規模なものとなっていたのかもしれない。
次に四期とそれ以降の立石寺への信仰がどのように展開したかを見てみよう。

中世から近世の納骨と供養

四期の中世末から近世に納骨と供養が庶民層に広がり、立石寺には庶民信仰の結果多様な信仰資料が残された。立石寺が現在につながる霊場として成立し、広い階層が納骨と供養を行うようになったと考えられる。

中世末から近世の納骨と供養

立石寺には、山上地区を中心に、死者供養のため納骨容器（木製の小型五輪塔・梅の種など）、死後の冥福を祈る供養品（笹塔婆・一石経・小型板碑など）が、遺骨とともに納められている。笹塔婆《ささとうば》には「天正」「慶長」「寛永」などの年号があり、中世末から近世初頭には盛んに納められた。

庶民信仰資料は奈良県元興寺に奉納された、鎌倉時代から江戸時代までの納骨と供養に関わる資料が有名で、国重要文化財に指定されている。立石寺への庶民の信仰により納められた多様な資料も、元興寺の資料に重ならない部分はあるが、同様な庶民信仰資料と見られる。

まず史料から近世中期以降の納骨と供養の様子について整理してみたい。

江戸・明治時代の納骨と供養

さて、江戸期の納骨と供養であるが、享保十一年（一七二六）『山寺状』に「当山ハ紀州高野山と同じく諸人卒都婆を供養し碑をたて兼而永世を期す」とある。高野山は空海入定のところであり参詣者が群集し、空海に結縁するために納骨・納髪が盛んに行われたことはよく知られている。立石寺はこれと同じだというのである。「山寺状絵図」には納骨するための施設である骨堂も記される。この位置は奥の院に接し、納骨には奥の院の聖が重要な役割を担っていたと考えられる。宝暦十二年（一七六二）『出羽国風土略記』に「土俗奥の高野と言ふ、諸人卒塔婆を供養し碑を建、永世を期する故とぞ」と、同じ内容が記されている。寛政四年（一七九二）『乱補出羽国風土略記』に、立石寺の祭礼である四月中の申《さる》の日と七月七日の磐司《ばんじ》祭《さい》には「郡中より貴賤群集して、鉋《かんな》くずに法名を注し、是をかなから仏といふ、香花水を備て回向をなして下山すること、国の風俗となる。何れの頃何人の始めしと言ふ事詳ならず、又納経請取の寺家の奥院ノ衆徒円乗院と言寺家、古来より出し来れり」とある。この「かなから仏」は笹塔婆と思われ、宝物殿で拝観することができる。また納経には円乗院があたっていたと記される。

明治時代の『山寺攬勝志』に「納骨堂　死者の歯骨を納むる所にして。本尊阿弥陀如来（木製立像三尺一寸厨子入）を安置す。堂は間口九尺奥行二間あり。老若男女来り詣で。僧に請ひ経を誦せしめ以て追福を薦む。歯骨は後之を岩窟に納め。毎年秋季皇霊祭の当日一山衆徒を会し。大施餓鬼を施行す」とある。男女の参拝者が僧に願い経を読んでもらい、供養をして亡くなった人の歯骨を「納骨堂」に納め、のちに風穴に納めるという。風穴から発見されたおびただしい骨片はこうした行為の結果なのであろう。

歯骨は仙台市松木遺跡の火葬遺構の事例で見たように、中世では納骨のために火葬骨から選択的に取り出される部位であった。納骨の霊場として有名な、福島県会津若松市の八葉寺の納骨五輪塔に納められるのも歯骨が多く、犬歯が選ばれる傾向がある。スリランカの古都キャンディにあるダラダー・マーリガーワ寺院（仏歯寺）は、釈迦の犬歯を納めた由緒ある寺として有名であり、歯骨中の犬歯尊重は国外にも見られる。

庶民信仰資料の発見

さて、具体的に庶民信仰資料について見てみよう。報告は佐藤栄太氏が早く、昭和二十五年（一九五〇）四月に仏岩の風穴から、菰《こも》に包まれ一抱えほど発見された笹塔婆を報告した（佐藤栄一九五〇）。この資料について昭和二十六年九月三日と四日、東京国立博物館の石田茂作氏（一八九四〜一九七七）が調査を行った。石田氏は仏教考古学研究の第一人者でその後、奈良国立博物館長を務めた。総数は約三万枚でおびただしい人骨の砕片とともに埋没していたという。石田氏は文字が記された笹塔婆は法華経が多く、阿弥陀経・観無量寿経・無量寿経があり、法華経と浄土三部経が納められていると見た（羽陽文化事務局一九五一）。ついでこの成果を報告したのは、山形県立博物館に在籍され、山形県の民俗研究を主導された大友義助氏であった。立石寺の庶民信仰資料について集成的な研究を残されている（大友一九七六ほか）。山上の風穴の内容物が知られるようになってから、二十五年ほどのちのことになる。

次に、大友氏の報告をもとに、いくつかを加えながら、発見された庶民信仰資料について整理してみたい（図47・48）。さらにその後の知見を加えながら資料について検討してみたい。なお、これらの資料の一部は、宝物殿で見ることができる。

五輪塔は五つの部分から構成される塔であり、下から方形の地輪、球形の水輪、三角形の火輪、半球形の風輪、宝珠形の空輪と積み上げられる。これは日本独特の造形なのであろう。私は長年中国の石造物調査を行っているが、宝篋印《ほうきょういん》塔《とう》に近いものは中国南部地域に石造品として存在するのを確認したが、五輪塔についてはいまだ中国で類例を知らない。日本では平安中期ごろから供養塔・墓塔として用いた。納骨のためには木製の小さい五輪塔が容器として使われたので、これをとくに納骨五輪塔・納骨小五輪などともいう。

木製五輪塔

山上地区の風穴から骨片とともに出土した木製五輪塔は、四〇基ほど保存されている。種類は二種（大型・小型）に分けられ、一つは比較的大型で地輪に納骨のための穴があけられているもの。もう一つは比較的小型のもので地輪底部を大きく深くえぐりとり、納入孔を設け、これを外側から薄い板などで蓋をしているものである。方形の納入孔に蓋をしているものもある。のちに詳しく述べたい。各輪には梵字（上からキャ・カ・ラ・バ・アなど）が記され、五輪塔の各輪が色（上から青・黒・赤・白・黄など）を持つことに因み、彩色を持つものもある。

柿経と笹塔婆

柿経の柿とは木材を削るときにできる木の細片。また、木材を細長く削りとった板であり、柿板屋根を葺くときの材料に因む。すでに平安時代の辞書『和名抄』に柿は載せられている。この薄板に供養などの経文を書き写すために柿経と呼ばれる。笹塔婆は笹の葉の形をした薄い板で、上を三角の山形とし側縁に刻みを入れ他方を尖らせる。柿経と同じく供養の経文などを書き写す（図47）。柿経は長さ二四センチほどの薄い板に経文を一字または一七文字墨書し、元来二〇枚を一把とし麻縄で束ねている。経典全体を書写すると何千枚もの分量となるので、これをまとめて（図47右）納入しているのも見られる。書写されている経典は法華経が多く、ほかに観無量寿経・観普賢経・阿弥陀経・地蔵菩薩本願経などがあるという。

笹塔婆（図47左）は大型のものと小型のものがある。大型のものは長さ四〇〜六〇センチ、板を粗雑に削り出し頭部を山形とし、表面に梵字数字を記し、その下に「是法径法位世間相当常住（後略）」「慈（後略）」などを記す。小型のものは薄くはいだ板を利用してるもので、長さ三〇センチ前後のものが多い。梵字と戒名などを墨書し、「為進道金大菩提也」「月相妙須信女為菩提也」「為亡者菩提也」などの供養文言を記す。これは『乩補出羽国風土略記』に見る「かなから（鉋屑か）仏」にあたるものと考えられている。ほかの文

図47　柿経と笹塔婆（立石寺所蔵，山形県立博物館提供）

図48　小型板碑（同所蔵，同提供）

字には「南無大日如来」「梵字（バン）」「南無阿彌陀仏」が報告されている。

小型板碑

板碑の系譜を引く後代の造形ということで、小型板碑と呼ばれるのであろう（図48）。山上地区を中心とする風穴に多数奉納されていた。高さ二〇センチ前後のものが多く、板碑の特徴である額部二条線がない。石材には泥岩・安山岩・凝灰岩が選ばれ、きめ細かい砂質凝灰岩製のものが多い。のちに詳しく述べたい。

千体仏

千体仏は同一の空間に多数の同形の仏像を納めたもので、京都の三十三間堂が有名である。山寺では簡易に作られた小型の仏像が風穴に納められている。阿弥陀如来立像三躰（高さ一二・七センチ）と地蔵菩薩一躰が報告され、本来は釘で板に固定されていたという。板には「夜念」とある。「夜念仏供養」は現在も行われている。山形市高瀬・天童市高擶・清地（山形市下条町の講もかつて存在した）の講中の人々が、旧七月六日の晩から翌日早朝にかけ念仏を唱えながら一晩山中をめぐる行事である。国の記録等の作製等の措置を講ずべき無形の民俗文化財（平成十一年十一月三日）に指定されている。

経石

経石は、経典の一部あるいは全文を石に書写したものであり、平安時代の末から盛んになった。大きめの石にたくさんの文字を記すものが古く、室町時代の末ごろから小さい石に一文字を書く一字一石経が中心となる。直径一二センチほどで前面にわたって経文が墨書されているものと、径二センチ前後の平たい川原石に一字を一石に墨書したものがある。大きめの石に書いたものは、古くは鎌倉時代以前にあり、小さい石に書いたものは江戸時代に多くなる。

その他として、宝塔型納骨容器と梅の種を納骨容器としたものがあると報告されている。以上が凝灰岩の風穴中に納められた庶民信仰資料である。さらに木製五輪塔と小型板碑については、新しい知見があったので追加しておきたい。

奉納された木製五輪塔の検討

木製五輪塔を検討したところ、鎌倉時代から南北朝時代に遡る、三期の資料が含まれていることが判明した。峯裏地区の石造五輪塔と同時期に木製五輪塔が存在したことが判明し、石造と木造の五輪塔が同時存在したことがわかった。

狭川真一氏のご教示によれば、図49の一〇点の五輪塔（前列左側の一点が石造、その他は木造）の作成時期は以下のように整理することができる。

まず、後列の四点の五輪塔（左から①～④）は、形状から①が大友氏の報告された大型の木製五輪塔B（小孔を有しない五輪塔で、高さ三五・二センチ、地輪に「道阿弥陀仏慈父」と

図49　木製・石製五輪塔（立石寺所蔵，山形県立博物館提供）

墨書）、③が同じく木製五輪塔A（小孔を有するもので高さ三五・七センチ、小孔は二・二センチ×一・四センチ、深さ二・〇センチ）にあたると見られる。②と④は同形同大であり、空風輪を欠くものの、地輪の高さと水輪の形状、軒の勾配と厚さが共通することから、ほぼ同じ時期のものと考えられる。据え置くことを念頭にした五輪塔であり、露盤を作り出すなど形も良く整っている。鎌倉末から南北朝期と考えられ三期にあたる。

次に⑧⑨⑩であるが、⑧と⑩が大友氏の報告された、小型の木製五輪塔C（比較的小型のもので二〇センチ前後のものが多く、地輪底部を大きく深くえぐりとり、納入孔を設け、これを外側から薄い板で蓋をしているもので一木から作られる）にあたると考えられる。これらは小型であり、地輪に納骨のための空間を持つもので、風輪が方形の平面形となる。空輪もやや細長くなる。これは会津八葉寺の納骨五輪塔の事例と共通し、戦国時代、おそらく十六世紀末ごろの事例で四期にあたる。

ついで⑥と⑦であるが、いずれも五輪塔の雰囲気を残しているものの、形は随分と崩れている。最大の違いは五輪塔の各輪に梵字ではなく、地・水・火・風・空の漢字を記しているいることである。漢字を記すのは戦国時代以降に盛んになるもので、十六世紀から十七世紀であり、四期後半とそれ以降の事例となろう。

さらに、前列の六点（左から⑤～⑩）のうちの、⑤は石造の五輪塔で石質は凝灰岩かと思われる。地輪は低いが水輪は細長く、火輪の軒が斜めに切ってあり、風輪は本来半円形であるが方形の板状になって、空輪は背の高い角ばった形を取る。こうした形は五輪塔の本来求められた形が崩れた、近世でも遅い時期のものと考えることができる。おそらく江戸時代末の十八世紀ごろのものであろう。

こうして見ると、木製五輪塔は大型で形が整ったものから、小型でやや形が崩れたもの、さらに変形し漢字で各輪を表すものと大きく変化していることがわかる。さらにその年代は、三期鎌倉時代末から南北朝のもの、四期戦国時代前後のもの、四期以降近世のもの、江戸時代末のものとに分けることができる。

まず三期に納骨と供養のための木製五輪塔が奉納され、この五輪塔は壁などに打ち付けたりすることはせず、堂内（風穴内か）に奉納し安置することが中心であった。石製の五輪塔と同様である。「道阿弥陀仏慈父」という記載からすれば、父親の供養のために子供がこれを納めたことがわかる。おそらく地域有力者であろう。この時期の風穴納入品の事例は、福島県いわき市金光寺に文保二年（一三一八）の木造宝篋印塔がある（狭川二〇一八）。次の四期になると五輪塔自体が小型化し、より庶民層に拡大した納骨が行われたものと考えられる。さらに江戸時代にもこの風習は続いたのであった。なお、立石寺は江戸時代初期で納骨五輪塔の納入は終了するが、福島県会津八葉寺では現在も納入が続いている。

奉納された小型板碑の検討

山形市教育委員会の調査で山上地区にある中性院と金乗院の裏側、東側斜面石積み上部の堆積土から「石塔婆（小型板碑）」が出土した（天台宗宝珠山立石寺二〇〇五）。梵字の「イー」「ア」が墨書され、紀年のあるものはなかった。石質はきめの細かい凝灰岩を使用していて、峯裏地区の凝灰岩製五輪塔と近い。特定の石材を規格に合わせて加工する石工集団がいたのであろう。多くは砕片であるが、全形が判明するものの長さは三五センチほどあり、大友氏の報告事例と同一と考えられる。

荒木志伸氏はこれらの墨書内容と小型板碑の年代について次のように考察している。墨書内容は、頭部に梵字「イー」に続けて「ア」を記すものが多く、「イー」のあとに「ア」「バン」「ウン」を記すのが二点ある。墨書は「為志者仏果菩提也」の供養願文、さらに「為志者（後略）」を中心としながら「為亡者（後略）」が一点。戒名そのものを直接記したものは、「禅定門」「禅定□」のほか「妙長」などの僧名らしきもの。「道」の一字が入るものが目に付く。宗派などが特定できるものはないが、「釈尼」と解読できる可能性のあるものは、浄土真宗の戒名と見ている。さらに大型の石塔婆の基部には下面から三角形のえぐりが入るため、納骨容器として注目している（村木二〇〇五）。奉納された年代は近世前期～中期とする（荒木二〇一二）。立石寺四期以降に造営されたもので、浄土真宗の戒名があることは、立石寺が広く開かれた霊場であり、宗派を問わず小型板碑の納入が行われたことを示している。

小型板碑は、額部が水平に切られる板碑型類似のものが多数を占めるが、日天（円文）が入るもの、頭部に火燈枠を装飾する櫛形墓標に類似するものも少数ある。海邊博史氏は和泉砂岩の石造物の時代的変遷を調査し、櫛形墓標は十七世紀の後半から出現し、近代まで続くものと整理した（海邊二〇二〇）。さらに、村山正市氏によれば、山形市周辺の近世墓標では頭部に日天を持つ板碑型墓標は、六日町極楽寺の慶安三年（一六五〇）、八日町浄光寺の明暦元年（一六五五）、七日町来迎寺の万治三年（一六六〇）の墓碑などがあり、八日町元禄七年（一六九四）の八日町浄光寺墓碑まで存続するという（村山一九九五）。こうした年代観を踏まえれば、立石寺の小型板碑は、紀年などの年代的定点がないのではっきりしないが、先行研究から中心は十七世紀にありそれ以降にも造営された可能性があろう。

岩塔婆の調査

山上と山下を結ぶ空間に、たくさんの岩塔婆（磨崖供養碑）が刻まれている。近世初頭の墓標・供養碑と同じ板碑形を呈する碑形を岩体に彫り付けたものであり、立石寺に訪れたならばかならず拝観する見所の一つである。明治時代の『山寺攬勝志』や『山寺名勝志』では、とりたてて触れられてはいないが、現在は霊場景観を特徴的に表すものとして広く知られ、観光の目玉となっている。元禄二年に松尾芭蕉が訪れたときには、すでに一部が作成（最古は元和九年〈一六二三〉）されているので、彼の目にも触れている。なお、近世の岩塔婆は天童市舞鶴山（天童古城）の露岩にも刻まれているが、立石寺以外で見ることはほとんどない。立石寺を代表する造形である。

図50　弥陀洞の岩塔婆群

代表例は、最もよく知られている弥陀洞《みだほら》であろう（図50）。オーバーハングした崖面に、多数の岩塔婆が重複して刻まれている。この風景は圧倒的迫力がある。荒木志伸氏によれば、境内・参道・奥の院（立ち入り禁止地区は除く）には、合計九八八基の石造文化財があり、磨崖供養碑（岩塔婆）は二五六基を数える。ほとんどは参道に刻まれ、ここ弥陀洞には八七基（三〇％）が存在する。最古の岩塔婆は元和九年、最新は天保九年（一八三八）であるという（荒木二〇一二）。造営は十七世紀第3四半期と十八世紀第1四半期に多く、十八世紀末には終了する。造営期間は江戸時代前半から中頃の約百年間ということになる。

岩塔婆造営の初めのころには地上に据えられる板碑型の供養碑も営まれていた。寛永二年（一六二五）六月十八日に没した安藤基直供養塔が根本中堂東側にあり、寛永四年に没した高須弥助供養塔も建立される。いずれも山形城主鳥居家臣墓である（山形市史編さん委員会一九七六）。最初期の段階では両者は併存するが、その後どうしたわけか、独立した板碑型供養碑は造営されず、岩塔婆のみが作り続けられることになる。

岩塔婆の造主

岩塔婆を含む石造物については、荒木志伸氏が平成十六年（二〇〇四）から十年にも及ぶ期間をかけ悉皆《しっかい》調査を実施し、その一部を報告している。

まず、岩塔婆の記名に注目すれば、近世初期（寛永年間～）より近世中期に盛行し、一～八名分の戒名が刻まれる場合が多く、文言には「誉」（浄土宗）、「釈…」「釈尼…」（浄土真宗）など天台宗以外に関わるものがある。宗旨を越えて立石寺に信仰を寄せていたことがわかる。地名には「山形六日町」「山形横町」「新庄舟形」「西根村」（現在の河北町）などの山形県内の地名に加え、一例のみ「下野国都賀郡日光」がある（荒木二〇〇七）。

残念ながら岩塔婆造営に関わる史料は知られていない。同時期である『山寺状』中の「当山ハ紀州高野山と同じく諸人卒都婆を供養し碑をたて兼而永世を期す」は、岩塔婆造営の風景も含まれるのであろう。また、造営者についても記名は山形周辺が中心となり、さらに一部は山形県内に広がり、遠くは下野国にまで及ぶことになる。

下野国日光は立石寺と深い関わりがあることはこれまでもたびたび触れてきた。円仁は下野の生まれであり、開山伝説に連なる磐司《ばんじ》磐三郎《ばんざぶろう》が日光にも関係があった。立石寺に伝えられる天正九年（一五八一）の紀年を持つ漆塗りの和紙皿（五〇枚）も、立石寺と下野国の関わりを伝えている。さらに貞享四年（一六八七）、立石寺院主として宗海が日光山桜本院から下向した。宝暦元年（一七五一）には、日光輪王寺宮公遵法親王の特命により鑑古僧都が入るなど、人事の面でも深いつながりがあった。こうした寺院同士の結び付きとともに、庶民も立石寺へと結び付いたことを岩塔婆の文言は示す。

弥陀洞の岩塔婆

代表例である和久井次左衛門供養碑（図51）を見てみよう。

寛永十九午年十一月十七日

キリーク（梵字）一法句　円誉浄月信士

万治元戊戌年十月十九日

ナムアミダブツ（梵字）　　昌誉専栄信士
　　　　　　　　　　　　　貞享三丙寅天十二月十一日
キリーク（梵字）入大会　　光誉慶寿信女
　　　　　　　　　　　　施主　和久井次左衛門

岩体に板碑型の区画を掘り込み、首部に日天、基部に蓮台を装飾し、中央に銘を刻む形となる。内容は、寛永十九午年十一月十七日に亡くなった円誉浄月信士、同じく万治元戊戌年十月十九日昌誉専栄信士、貞享三丙寅天十二月十一日光誉慶寿信女への供養のために、

図51　岩塔婆（和久井次左衛門供養碑）

和久井次左衛門が施主となって営んだ供養碑であろう。造営年月日は刻まれていないが、万治元年かそれ以降の追善仏事に際して営んだものと考えられる。岩体に碑を直接刻むことは、霊場立石寺へ強力に結び付くことになる。興味深いのは記される文言である。「一法句入大会」の文言は浄土宗寺院の卒塔婆に記されることがあり、「誉」も浄土宗で使われる法名にある。浄土宗を信仰する人々の営みの可能性が高い。

立石寺一山の信仰は天台宗を堅持するが、霊場に信仰を寄せる人々は広く受け入れたのである。現在もこうした伝統は続いている。天童市上荻野戸地区では、檀那寺の宗派が天台宗であるとなしとにかかわらず、立石寺への歯骨納めが行われている（山下二〇一六）。宗派は分かれても、歯骨は立石寺へと納められ、他宗の人々の供養も受け入れているのである。

さて、また中世に逆戻りすることになるが、立石寺とその周辺に残る多数の石造物についても触れなくてはならない。立石寺の存在空間として先に整理した地域内に残る、古代から中世の石造物は多種・多量であり、おそらく山形県はおろか、東北でも有数の規模と思われる。関心のある方は訪れていただきたいと思う。ただし、軽装で行けるところもあるが、山中深いところもあるのでご注意いただきたい。

立石寺と中世石造物

石材と石工

石造物とは石で作られた製品一般をさす。立石寺に参詣すると目につく五輪塔や宝篋印塔などがこれにあたる。多くは霊場に奉納されたもので、霊場立石寺の存在を浮かび上がらせる重要な資料である。さらに、立石寺境内では五輪塔の未製品も見られることから、ここで石造物を作成していたこともはっきりしている。石造物の作成は平安時代末に遡り、東北地方においても早い。

そもそも山寺は輝石安山岩質凝灰岩（以下、凝灰岩）の産出地として有名である。山寺石と呼ばれ、色は青く石基中に一センチ内外の大きな黒色斑点がある。組織はち密であり水平層理が発達するという。東北の背骨、東北地方を南北に貫く奥羽山脈に沿って分布し、二期にあたる平安時代末から石材として盛んに採取された。立石寺に建ち並ぶ中世石造物はほとんどが凝灰岩製である。明治時代になると立石寺の土地所有の権利は認められなくなったため、産業の発達とともに凝灰岩は乱掘された。『山寺百話』には、霊場景観に趣を添えていたいくつかの露岩は、採石のため姿を消すことにもなったとある。

石材の産出と利用の記憶を残すのが、民謡「山寺石切唄」であり、次の歌詞が歌い上げられている。

（一）　わたしゃ羽前のヨーエ　山形育ちヨーエ／石も硬いが　手も硬いヨーエ／ヤレサ　ヨーオイヨーオイヨー／（ハァー　ドッコイドッコイ）

（二）　見たか聞いたかヨーエ　山寺名所ヨーエ／慈覚大師の　開山だヨーエ／ヤレサ　ヨーオイヨーオイヨー（後略）

石工さんの話をお聞きすると、山寺石は緑（青）色をしていて硬い凝灰岩であるという。石材の採取には石工（職人）の手が欠かせない。中世にはこうした職人集団を寺院が抱えることがあり、律宗（戒律を重んじる仏教の一派）寺院が関わることが知られている。中世寺院は石工も含む巨大な技術者集団でもあった。

出羽国にも鎌倉時代中期の真言律宗の開祖である、叡尊《えいぞん》（一二〇一〜九〇）から菩薩戒を受けた人々がいた。「授菩薩戒弟子交名《きょうみょう》」には出羽国人として「静海乗道房」「幸意願智坊」「円光道妙房」が記される。叡尊は社会的弱者の救済事業、宇治橋修造の土木事業などの多彩な活動を行った。こうした状況に重なるように、立石寺にも安養院という律宗寺院が存在した。山寺七院の一つとされる格式ある寺であったと伝えられる。安養院は廃寺となり、現在山寺地区には存在しない。

律宗寺院安養院の存在

実は安養院についての根本文書はない。寺院名は文政五年（一八二二）『羽州山寺立石寺縁起』に、山寺七院の一つとして登場するものの、知見の多くは近代・現代の文献からの引用に頼らざるをえない。現在の山寺コミュニティセンター―やまでら館の場所が、その地にあたると伝えられるのみである。南北朝期、正平年間（一三四六〜六七）に上山市楢下地区に移り、さらに元和年間（一六一五〜一二三）に山形市半郷地区に移転し、同地の安養寺（曹洞宗解大山安養寺）が流れを汲む寺院にあたるという。南北朝期に廃寺になったという伝承からすれば、その活躍は鎌倉時代に中心があったのであろうか。この時期は三期にあたり盛んに石造物が作られる時代に合致する。

図52　五輪塔水輪の未製品

五輪塔水輪未製品の意味

立石寺で中世石工の存在を知ることができる資料は多くはない。開山堂から五大堂へと登りさらに西側に向かうと、現在は立ち入り禁止になっている小さな平場がある。昔は小さな茶店がありのどを潤すことができた。この茶店の周辺にあったのが、五輪塔水輪の未製品である（図52）。丸く成形するためにリンゴの皮をむいたように削られている。これから表面を金属工具でさらに削り、次に磨きあげて製品と成す、水輪の制作過程を示すものである。この発見は非常に重要で、ここで五輪塔の制作が行われていたことを示している。

ここは山上地区の一角であるから、制作に携わった石工たちは立石寺に抱えられていた可能性が高い。とすれば、立石寺に石工集団が存在したことの証明となるのである。年代であるが、未製品を見ると、峯裏地区の五輪塔の小型のものの水輪と共通するので、十三世紀から十四世紀のものと見ることができる。残念ながら石切り場と工房跡は見つかっていない。

さらに、周辺地区に視点を広げ石造物の作成年代と種類について見てみよう。

立石寺と石塔の制作

立石寺周辺に造営される石造物の主なものを次に挙げた。立石寺周辺は二期（中心は平安時代後期から鎌倉時代）と、三期（中心は南北朝前後）に石造物の造営が盛んになる。二期には如法経所碑・石鳥居・宝塔・石仏が作られ、立石寺境内域を含み半径八キロほどに分布する。三期には宝塔・五輪塔・板碑が作られ分布範囲は多少広がる。いずれも立石寺の基層をなす凝灰岩製の石造物である。特徴ある石造物群は次のものである（図53）。

〈二期の石造物〉

○山形市山寺　如法経所碑、天養元年（一一四四）
○山形県天童市　清池《しょうげ》石鳥居、平安時代末（図53①）
○山形県天童市　東漸寺宝塔、平安時代末〜鎌倉時代初（図53②）
○山形県天童市　石仏寺石仏、平安時代末〜鎌倉時代（図53③）

○山形県天童市　仏向寺石仏、平安時代末～鎌倉時代（図53④）
○山形市山寺　峯裏地区石塔群、鎌倉時代～南北朝
〈三期の石造物〉
○山形市山寺　清和天皇宝塔、鎌倉時代～南北朝（図53⑤）
○山形県天童市周辺　成生荘《なりうのしょう》型板碑、鎌倉時代～室町時代（図53⑥）
以上の石造物について、さらに詳しく見てみよう。

清池石鳥居　天童市清池にある。南北に走る羽州大道と東西に走る二口街道《ふたくちかいどう》北側ルート延長部との中世に溯る交差点に建つ。『山寺攬勝志』には立石寺の「本山総門」と記される。傍らに立石寺境内を取水点とする山寺堰が流れる。柱間は三メートルであるから、道路は三メートル未満の幅となる。中世古道の発掘調査の成果から見れば、この巾の道路はかなり立派な街道、それも主要街道の規模である。陸奥国と出羽国を結ぶ重要な役割を果たす、国府に関係する街道として相応しい。

清池石鳥居は凝灰岩製であり貫と額束を欠くが、高さ三・八七メートル、柱間三メートルの堂々としたものである。石造美術研究の開拓者、川勝政太郎氏の名著『日本石材工芸史』にも取り上げられ、「全体としては洗練されず鈍重であるが、平安時代後期の様式と

見てよかろう」と考定されている（川勝一九五七）。立石寺周辺には山形市成沢（国重要文化財）・山形市小立（国重要文化財）・東根市六田（市指定文化財）・村山市楯岡（県指定文化財）・天童市谷地中（市指定文化財）の石鳥居があり、いずれも凝灰岩製であり同じ造営時期と考えられている。

著名な日本の建築史家である藤島亥治郎氏は、清池石鳥居を全国の石鳥居とも比較しながら、六件の石鳥居のうちで「本領を最もよく発揮しているのはこの今私が仰ぎ見ている

図53①　清池石鳥居

高擶の鳥居（清池石鳥居）である」と記した（藤島一九五三）。規模そして造形的にも代表的なものだというのである。注目すべきことに、石鳥居群は立石寺から半径一五キロの範囲に収まる。日本で平安時代後期の石鳥居がまとまって存在するのは当地だけである。

石仏寺石仏

天童市高擶にある。鎌倉時代の造形として天童市指定文化財となっている。石仏は全部で七体、高さは一・三二メートル～一・六七メートルほどである。風化が進み像容は判然としない。石仏寺は弘安年間（一二七八～八七）に、一向俊聖によって開かれたと伝えられる寺院であり、もとは清池石鳥居のそばにあった。

類例に新潟県妙高市の関山石仏がある。平安時代後期～鎌倉時代の造形で、新潟県指定文化財となっている。神社周辺（四七基）および旧浦川原村法定寺（三八基）を中心に頚城郡内に点在しており、総数百基を超えるという。六〇センチ～八〇センチのものが多く、光背を持たない丸彫りの石仏である（水澤二〇一二）。

光背を持たない点や、高さが石仏寺の事例よりは低いことなどは相違があるが、遠隔で類似したものと見ることができる。

仏向寺石仏

天童市小路仏向寺にある。鎌倉時代の造形として天童市指定文化財となっている。高さは約一・四メートルである。風化が進み像容は判然としない。

一石から大小二体の石仏が彫り出されている。これまた新潟県関山石仏との類似が認められる。

東漸寺宝塔

天童市上貫津の山中深く東漸寺廃寺境内ある。平安時代末の造形として天童市指定文化財となっている。高さは一四二センチほど、風化が進み破損も見られるが、一石造で基礎・塔身・屋根・露盤・相輪からなる凝灰岩製。断面は通常は方形に近くなるが、長方形であり厚みがないという特徴がある。断面の厚みがない形は平泉の出土品（毛越寺大泉ヶ池出土木製宝塔など）と似る。基礎には格狭間《ごうざま》があるが、風化のためはっきりしない。塔身には仏龕と思われる長方形の掘り込みが表裏にある。本来並座する釈迦如来と多宝如来を表裏に配置（あまり類例はないが）するためであろうか。屋根は屋根瓦と下棟が表現され、裏には軒垂木《のきたるき》が表現されている。

東北地方のこの時期の宝塔の類例としては、平泉藤原氏の根拠地である岩手県平泉町周辺の平泉型宝塔がある。くらべると明らかに形態が違い独特の造形である。

東漸寺は天台宗であったと考えられる。最上義光時代の立石寺の所領二四三八石のうち、一〇〇石を占める寺院に東漸寺がありこれにあたると考えられる。両者の結び付きは、奥羽山中で行われた立石寺の修行と関係があるのではなかろうか。奥羽山中の天台寺院には失われた回峰行順路（立石寺—東漸寺—若松寺・立石寺—磐司岩—石橋など）があったのかもしれない。東漸寺の背後には怪異の地であるジャガラモガラ（風穴の作用で亜高山性の花々が咲き乱れる）があり、沢の中いたるところに祀られている不動尊の存在なども、回峰行に関連して気になるところである。

清和天皇宝塔

立石寺境内の根本中堂西側に隣接してある。この塔は元慶四年（八八〇）、立石寺と関係が深い清和天皇が崩御されたとき、その遺徳を偲んで立石寺の衆徒が建立したとの由緒を持つ塔である。立石寺の石工たちの代表的石造物であろう。

全体の形としては五輪塔に似るが、風輪・空輪のかわりに相輪を持つ造形である。高さは台座の上の軸部（五輪塔水輪形）が八六・四センチ（二尺八寸五分）、屋根（五輪塔火輪形）であるが宝塔という伝承からすれば屋根とするべきか）が七二・二センチ（二尺四寸）、相輪が一三六センチ（四尺五寸）であり、台座を併せれば約四メートルの威容を誇る（山形市史編さん委員会一九七三）。基礎（五輪塔地輪形）を露岩から作り出し、その上に別石で軸部と屋根、さらに相輪を乗せるものである。軸部にはバクが刻まれているというが判然としない。

類例の少ないものであるが、元慶年間にまで遡る造営ではない。紀年銘がないため時期判断は難しいが、狭川真一氏のご教示により、鎌倉後期から南北朝時代のものと見ておきたい。三期に峯裏地区の石造物群が営まれた時期に重なる。

なお、基礎となった露岩は巨大で、右側にもう一つ台座が調製されている。この台座に先に見た東漸寺宝塔が据えられていたという伝承もあるが、江戸時代の絵図には、この露岩には清和天皇宝塔一基だけが描かれるので、もともと一基だけではなかったのだろうか。

成生荘型板碑

立石寺の範囲を含む天童市を中心とした地域に分布する板碑である。凝灰岩製で頭部が突出する特徴的な形態を取り、刻銘はほとんど持たない。中世の成生荘域に特徴的な板碑の型式ということからこの呼称がある。山形県内の板碑約千百基のうち成生荘型板碑は約一〇%を占める。立石寺周辺には山寺型といわれる板碑が分布するというが、周辺地域を含めた数量では成生荘型が圧倒的に多い。この地の東北地方最大級の板碑も成生荘型であり、鎌倉時代後期から南北朝期を中心とする時期に作成の中心がある。三期の石造物群と同じ時期にあたる。

立石寺と周辺の石造物を評価すれば、まず二期にあたる十二世紀代に石造物の造営が開始される。全国的に石造物造営への関心が高まった時期であるが、東北地方でいち早く反

図53②　東漸寺宝塔

図53③　石仏寺石仏

◀図53⑥　成生荘型板碑

図53④　仏向寺石仏（右側）

図53⑤　清和天皇宝塔

応したのは、岩手県平泉町周辺と福島県いわき市周辺と立石寺周辺の三ヵ所である。この情報連絡には二口街道と日本海舟運に関わる立石寺の地理的位置も一役買っていたのであろう。次に三期は石造物造営が盛んになる。これは全国的に石造物の造営が盛んになる時期に重なる。十四世紀代を中心として、境内には五輪塔や宝篋印塔・無縫塔《むほうとう》、さらには境内外に成生荘型板碑という板碑の地方形も盛んに作られる。石材採取と加工という観点からすれば、立石寺と抱えられた職人集団の関わりが深いと見ることができ、中世霊場立石寺の活動を今に残す資料である。

霊場復興

一　相坊円海の時代

円海の事績

今まで、モノを中心として説明を進めてきたが、この章では円海《えんかい》という立《りっ》石寺《しゃくじ》僧に焦点をあて、残された史料から円海の事績をたどり、立石寺の中世から近世への移り変わりを見てみよう。

立石寺僧一相坊《いっそうぼう》円海（以下、円海）は中世から近世の激動の時代を生き抜き、出羽国立石寺の中興に尽力した天台僧である。この時代を生き抜いた円海の事績には驚くべきものがある。立石寺法灯の比叡山からの帰還、立石寺法灯の比叡山への返還、正覚院豪盛《しょうかくいんごうせい》・最上義光《もがみよしあき》・鳥居忠政《とりいただまさ》との関係など、彼の事績はそのまま四期、立石寺の中世から近世への移り変わりに重なる。

父は『山寺攬勝志《やまでららんしょうし》』に村山定顕と記され、北畠天童丸（天童市域〈成生荘域〉を勢力下とした領主と伝わる）の末子であるという。天童氏に関係する人物となろう。残念ながら定顕の事績は、これ以上はっきりしない。円海は天童氏の縁者となろうか。なお、齋藤仁氏のご教示では立石寺と関係の深い、伊達氏と最上氏に村山定顕の名を探すことはできないという。

円海の出生地さらには母親、ついで生年もはっきりしない。没年は寛永十一年（一六三四）であり、百十八歳というから単純に逆算すれば、永正十三年（一五一六）ごろの生まれとなろう。なお、天文十三年（一五四四）「一相坊円海置文」（以下、「円海置文」）には「一相坊円海二十七歳」と記しているので、単純に計算すれば、永正十四年ごろの生まれとなる。本書では仮に永正十四年としておきたい。

『山寺名勝志』によれば、長じて立石寺院主の実雄のもとに入る。同書では実雄法印は立石寺三十六世である。円海は三十八世院主で、二代前の院主を師といただいたことになる。円海はもと実範といった（武田一九九八）。実の字は師から継いだのかもしれない。十歳前後で入寺したとすれば、十六世紀前半の大永～享禄～天文年間初年に立石寺で青年時の修行を積んだことになる。修行の内容、修行の場が立石寺だけであったのかどうかは記

図54　岩屋三重小塔（華蔵院提供）

録がない。

　このころ、立石寺には多様な宗教観を持つ聖《ひじり》が盛んに訪れていた。永正十六年には立石寺岩屋三重小塔（国重文、図54）が十穀聖（修行立願のため穀類を食べない修行者）の静允（華蔵院僧）によって造立され、天文三年の「立石寺日枝神社棟札」には、六十六部聖（日本全国を廻る修行者）の日向に住む僧、有西が願主として記される。天台を主としながらも、こうした宗教者との関係も深かったのだろうが記録はない。

　この時期、立石寺は天童氏との争いなどにより、堂舎も破壊され所領も押領されるなど困窮していたという。円海が天文十三年に記したと考えられる「円海置文」には、「勤行不断之処二、天童成生不儀之以発向、営寺悉令破滅、寺中家無一十余年、」と記される。僧侶たちも立石寺の奇岩怪石の風穴《ふうけつ》（岩屋）の中で、わずかに生をつなぐ有様であったという。重要なのは、この争乱の中で円仁以来伝えられてきた「常灯明（不滅の法灯）」が消えてしまったことであった。円海は、比叡山から不滅の法灯の返還に尽力することとなる。

さて、この立石寺破滅がいつにあたるのか円海は記していない。これを大永元年（一五二一）に置いたのが戦前の『東村山郡史』である。同書で「年号未夕明ナラス、姑ク本年ノ條ニ収録ス」とし、天童氏との争いを大永元年条に採録した。これ以降、立石寺破滅は大永元年説が通説となった。齋藤仁氏は争いを「円海置文」の内容から逆算し、天童氏の立石寺攻めは大永四年とする（齋藤仁二〇一六）。本書でも従いたい。

不滅の法灯の帰還と返還

不滅の法灯は比叡山から分灯した灯火であり、立石寺創建以来の聖なる火であり信仰の拠り所であった。これが消えたのである。心を痛めた円海は、山形城主である最上義守の母親から助力を得て、比叡山に向かい、天文十三年、根本中堂の法灯の分灯を得た。荒れる日本海を船で帰り、再び立石寺に法灯を灯すことができた。円海二十七歳のことであった。

ところが、あろうことか元亀二年（一五七一）、織田信長の叡山焼き討ちにより、今度は比叡山根本中堂の灯火が消えてしまった。のちに豊臣秀吉が再興を許可し、比叡山正覚院豪盛は立石寺に、比叡山へ灯火を分けるように依頼した。天正十七年（一五八九）、円海はこれにこたえて、比叡山へ灯火を戻した。豪盛はこの円海の気概にこたえて、天正十七年に立石寺繁隆を願い「豪盛置文」をしたためている。

鳥居忠政との確執

さらに事績を追加すれば、元和四年（一六一八）に、南光坊天海が最上義俊とともに出した「立石寺法度」を受け、立石寺の改革に努めた。さらに元和九年には、最上氏に替わった山形藩の領主である鳥居忠政が、山形藩領の検地を実施する中で、立石寺領を侵害した。このことに円海が激しく対抗し、呪詛に及んだという。結果、立石寺所領は安堵され、円海死後とはなるが、慶安元年（一六四八）に徳川家光が一四二〇石の朱印状を下附した。

円海は、寛永十一年（一六三四）に百十八歳の生涯を終えた。徒弟は亡骸を火葬し骨を百丈岩《ひやくじようい》に納めた。金棺中の火葬骨の存在を思い起こしていただきたい。

なお、本書では触れないが、元禄十一年（一六九八）、天海の開いた寛永寺へ立石寺根本中堂の仏像（日光・月光両菩薩、十二神将）が動座している（『立石寺中堂日月両光・十二神将、東叡山移遷之縁起』〈元禄十一年九月〉）。これも天海と円海の関係があってのことであろう。寛永寺は幾多の混乱に巻き込まれたため、以上の仏像は失われたものも多い。なお、日光・月光両菩薩は国重文として現存（東京都教育委員会二〇〇二）。

以上の概略を踏まえ、円海の事績から、立石寺法灯の比叡山からの帰還、立石寺法灯の比叡山への返還、最上義光・鳥居忠政との関係について知りうるところを整理してみたい。

法灯の帰還――円海と月蔵坊祐増

円海の大事業、天文十二年（一五四三）立石寺法灯（灯火）の比叡山からの帰還から見てみよう。比叡山根本中堂には不滅の法灯が灯し続けられている（図55）。ご覧になられた方も多いのではなかろうか。

比叡山からの帰還

この法灯は、最澄が根本中堂の前身である、一乗止観院を建立したときに灯したという由緒を持つ。『伝教大師伝』巻上には「（前略）其堂造畢の後一乗止観院と名付、一山の寺号を比江山寺と号したまう、かくて薬師如来の尊像を安置し奉りて末代不滅の常灯明を大師御手つからかかけたまう、其時の御歌にあきらけく後の仏の御代までも光伝へよ法の灯、と詠したまう、其御歌も新後撰集になん入侍る（後略）」と記される（天台宗宗典刊行会編纂一九一二)。延暦寺を開創した伝教大師の手にかかるという灯の由緒とともに、未来永劫に伝えるべき灯りであると和歌に詠まれる。まさに天台宗の聖なる灯火である。

図55　延暦寺根本中堂不滅の法灯（延暦寺提供）

立石寺法灯の消滅と帰還

立石寺の法灯が消えたのは、十六世紀初頭のことである。この時期、最上氏一族（山形市周辺を中心勢力下）と伊達氏（米沢市周辺と福島県北部・宮城県南部を勢力下）の戦乱が繰り広げられた。戦乱は立石寺に政治的にも経済的にも影響を及ぼし法灯が絶え、青年僧一相坊円海は立石寺に法灯を再び灯したいと念じた。

消滅から帰還までの状況は表1にまとめた㋐～㋖によって知ることができる。また、「円海置文」の内容からさらに詳しく知ることができる。

「円海置文」

「円海置文」（紀年を欠くが、内容から天文十三年と考えられる）には、

表1　法灯帰還関連史料

㋐	大永四年（一五二五）天童氏の攻撃で立石寺堂舎ことごとく破壊され法灯消滅（天文十三年（一五四四）「円海置文」（山県一五―一―二四五頁）の法灯帰還の勤行から逆算）。
㋑	天文三年（一五三四）最上義守が筆頭となり立石寺日枝神社が再建され一部復興なる（「立石寺日枝神社棟札」（山県一五―二―三二一頁））。
㋒	天文十二年（一五四三）四月一三日実範（のちの一相坊円海）が最上義守御母の助力を得て灯火帰還のため比叡山へ（「円海置文」）。
㋓	天文十二年（一五四三）六月五日天台座主二品法親王尊鎮より灯火帰還の許可証が出る（「天台座主二品法親王尊鎮置文写」（山県一五―一―二四五頁））。
㋔	天文十二年（一五四三）六月十日天台座主二品法親王尊鎮より実範（のちの一相坊円海）が法印に補任（「天台座主二品法親王補任状」（山県一五―一―二四五頁））。
㋕	天文十二年（一五四三）八月二五日日本海航路にて立石寺に帰着（「円海置文」）。
㋖	天文十三年（一五四四）三月上旬に伝統にのっとって灯火帰還の勤行し春還芳公禅定尼の菩提を弔う（「円海置文」）。

（注）『山形県史』資料篇一五上・下（古代中世史料一・二）をもとに作成。「山県一五―一―二四五」とは、同書一五巻上の二四五頁掲載であることを示す。

法灯消滅の状況と苦難の末に立石寺に再び灯されるまでのことが、円海本人によって記されている（図56）。

一相坊円海置文

如法堂、大師御建立已来、勤行不断之処ニ、天童成生
不儀之以発向、当寺悉令破滅、寺中家無一十余年、其
間堂社破、已後漸雖令帰山、如法堂灯明、本山根本中
堂之灯火ヲ、大師此寺ニ被移置之間、遠路難渋之処、
不及取寄過行、及廿年勤行無之、爰沙門一相坊円海、
宿縁多厚之故、山形義守御母奉頼大檀那ニ、天文十二
年癸卯卯月十三ニ、令歩行無難登山、東塔仏頂台教王
院令宿坊、被中堂之灯火申受、北国之於海中、数度舟
中ニ雖相難風ニ、無相違下着、同年八月廿五、同年《ママ》十三
年甲辰従弥生上旬、先例之任法則、勤行執行之時ニ、
大聖院主広円阿舎梨相始也、功徳莫太也、大檀那現世
安穏、後生善生之願文、誠心不可軽残者也、仍当山之縁

起古本、灯明下、時々之御状、為末代奉納内陳者也、願依此功徳、三界万霊有縁無縁、大師之預引摂、殊為春還芳公禅定尼大菩提也

一相坊円海生年廿七（花押）

（別筆奥書　別紙）

為末代亀鏡、縁起文雖書載之、正古本写留、旧本者相副寺家江下之処也、寺家霊宝重宝不過之、不可被処聊爾者哉、月蔵坊法印、祐増、案清共書之

（『山形県史』資料篇一五上・古代中世史料一による）

大意は、立石寺如法堂は、慈覚大師《じかくだいし》がこの寺を創建して以来勤行を勤めたが、（大永四年）天童の成生氏が兵を差し向け、堂宇をことごとく破壊し境内は荒れ果てた（如法堂の灯火も消えた）。以来十年あまり（日枝神社を天文三年に最上義守ほかの助力で再建するまで）堂宇は壊れたままだった。如法堂の灯火に比叡山根本中堂の灯りを取り寄せ立石寺に移すことは困難で、（天文十三年までの）二十年間勤行することができなかった。私（一相坊円海二十七歳）は、（山形領主）最上義守母堂の支援を得、天文十二年の四月十三日（二

〇二〇年太陽暦で六月四日）比叡山に向かい、（座主尊鎮法親王の許可を得）根本中堂の灯火を頂戴した。帰りの日本海航路は荒れたが、八月二十五日（二〇二〇年太陽暦で十月十一日）に立石寺に帰着した。天文十三年の三月上旬に念願の勤行を行った。助力を得た最上義守母堂のご利益の願文、『立石寺縁起』、灯明移設の文書を内陣に納めた。慈覚大師の救済を祈り、ことさらに春還芳公禅定尼の冥福を祈る。と記される。別筆奥書に比叡山僧月蔵坊祐増の名が据えられる。この人物についてはのちに詳しく検討したい。

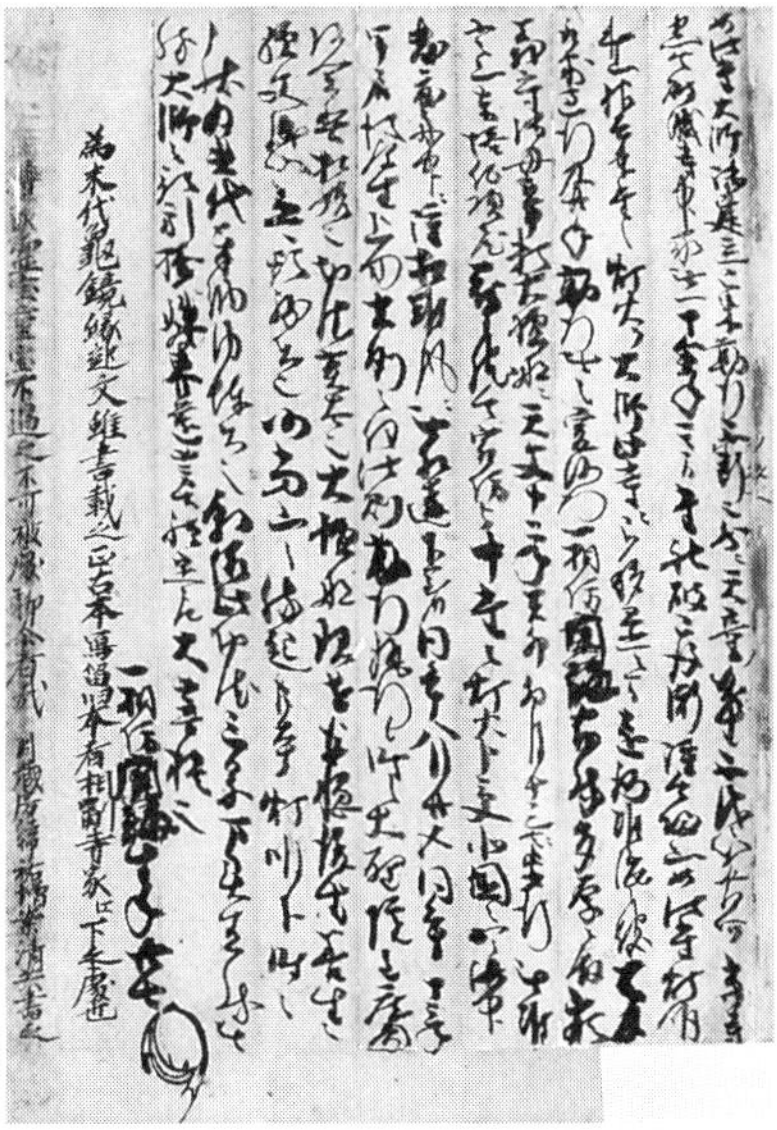

図56　「円海置文」（立石寺所蔵，山形県立博物館提供）

まず、「円海置文」に関係する人物六名に注目してみよう。

「円海置文」中の人物

これらの人物は、円海の周辺にいて立石寺と深く関わりあっていたことになる。人物とその周辺を検討することを通して、当時の立石寺の置かれていた状況を知ることができる。

登場するのは、破却した当事者の天童・成生、助力した最上義守御母、法灯帰還の法要を執行した大聖院主広円阿闍梨（山上如法堂の院主か）、助力した春還芳公禅定尼、最後に比叡山僧であり立石寺との窓口をつとめたと思われる月蔵坊法印祐増である。破却した天童成生を除き、記録者の円海を加えれば、記される人々の構成は比叡山関係者一名（月蔵坊祐増）、立石寺関係者二名（広円と円海）、外護者三名（最上義守・同母・春還芳公禅定尼）となる。女性が二人入っていることが注目される。

立石寺関係者の発案で法灯の帰還が企画（外護者の意図も重要）され、おそらく取次である比叡山関係者との連絡調整のうえで法灯帰還の許諾がなされ、外護者から運搬にかかる諸経費などの経済的さらには道中の安全などの、実質的保障があった。これら三者のどの一つが欠けても法灯の帰還はなし得なかったのである。ただ、外護者による援助は現実的には格段に重要なものであった。

齋藤仁氏は月蔵坊祐増を、円海の法灯の帰還に尽力した比叡山の担当者とした。また、大旦那として記される「山形義守御母」は中野義清の妻（寒河江〈大江〉知広の娘・義守実母）とし、「春還芳公禅定尼」は最上義定妻（伊達尚宗娘・稙宗妹、義守継母）とする。さらに、「灯明復興という事業のなかで、最上義守の生母の現世利益を願い、継母の菩提を弔うことになった経緯は、最上氏・伊達氏ともに（立石寺復興の）檀那であったことによる」と見た（齋藤仁二〇一六）。

齋藤仁氏の人物比定に従い、まず、外護者女性二人を検討しよう。実はこの女性たちは伊達氏と深い関係を持つのであった。

春還芳公禅定尼

春還芳公禅定尼は最上義定妻（最上義守継母）と考えられる。金棺の中の女性骨が春還芳公禅定尼にあてられていたことを思い起こしていただきたい。最上義定との婚姻を含め、「大江氏系図」と『伊達正統世次考』から彼女についてさらに知ることができる。

「大江氏系図」の諸本は『寒河江市史』の一本として刊行されている。婚姻の仲立ちをしたのは、大江氏の一族白岩満教であった。「大江氏系図（安中坊系図）」の白岩満教欄に、「満教為白岩広茂養子、領白岩　永正十三年（一五一六）三位備中守俊芳為中人、伊達稙宗妹有入輿、為山形義定妻」とある。だが最上義定は永正十七年死去、婚姻からわずか五年ほどで未亡人となった。

ただし彼女は山形城に残り、のちに最上義守となる中野義清（最上義定の甥）の子供を、大永二年二歳で養子に迎えた（『伊達正統世次考』巻之七によれば中野義清二男）。わずか二

図57　山形城二の丸東大手門復元遺構（山形市所在）

歳の幼児が実権を握るわけはなく、山形城内で実権を握っていたのは故義定婦人（伊達稙宗妹）であり、伊達氏の内政干渉を受けたものと思われる（伊藤二〇一六）。春還芳公禅定尼は伊達氏の出身、それも当主の妹であり、最上家当主の幼い義守を養っている。つまり最上氏の行く末を左右する権力を持つ、重要人物であったことになる。

彼女は永正十三年ごろには結婚年齢に達し、天文十三年には菩提を弔われていることになる。天文十二年に比叡山へ旅立つ円海にことさらの助力をした。「円海置文」に灯火帰還の功労者として菩提を弔われるので、没年は天文十二年に近い年と想像しておきたい。仮に永正十三年に二十歳前後であれば、天文十二年には五十歳前後になる。

最上氏さらに伊達氏と深い関わりを持つ彼女は、おそらく法灯帰還への助力のみならず、立石寺へ多大な奉加をなしたのであろう。円海が文書の末尾でことさらに菩提を弔うのは、その恩顧が重大であったことを示すものなのではなかろうか。まさに、慈覚大師の金棺に納められる人物として相応しい（金棺内の女性骨は、川崎浩良氏の春還芳公禅定尼とする見解に異論はない。ただし人物の比定は中野義清妻ではなく、最上義定妻であると見ておきたい）。さらに加えれば、遺骨の納入を行ったのは円海その人ではなかろうか。

山形義守御母

山形義守御母は、最上義守の実母、中野義清妻のことで、『大江氏系図（安中坊系図）』に「中野妻」と記される女性であると考えられる。最上氏の一族である中野氏に嫁いだため中野妻と記される。彼女は大永元年に男児（二男）を出産し、この子供が最上義守であり、春還芳公禅定尼に養われた。

現在の寒河江市を中心として勢力を持った大江氏は、置賜地方に勢力を有した伊達氏と直接対峙することが多く、対立を通して関係を深めていた。伊達氏の有力武将である国分胤重の、永正六年八月十一日「国分胤重軍勢催促廻文写」（山県一五一一一一四三頁）では、寒河江殿に宛てて軍勢の催促を行うなど関係は深い。最上氏一族である中野氏と、伊達氏の影響が強い大江氏との婚姻には、伊達氏の思惑が入り込んでいたのであろう。このころの立石寺周辺の政治情勢を示している。

こまったことに、系図にはこの時代二人の「中野妻」が記される。山形県寒河江市に勢力を有した寒河江大江氏の当主、大江知広の娘、そのあとを継いだ大江宗広の娘の二人である。記載は同じ「中野妻」ではあるが、叔母と姪の関係で別人である。山形義守御母はどちらなのだろうか。

まず、大江知広の娘であるが、この系図では知広は五人の子供（男性三人・女性二人）を儲けたとある。このうちの一人に中野妻と記される。彼は明応三年（一四九四）三月二十日（あるいは七月）に死去した。このため彼女は明応三年以前の出生となる。また、女性二人のうち年長に中野妻と記され、その下に竹姫早世とある。とすれば、明応三年には数歳になっていたのではなかろうか。大永元年に次男とされる義守を出産するが、三十歳前後での出産であった可能性がある。この時代とすれば、いささか出産年齢が高いことが気になる。「円海置文」の天文十三年には五十歳前後の年齢で、春還芳公禅定尼と同世代と見られる。

では、宗広の娘が山形義守母である可能性はないのか。宗広は九人の子供（男性六人・

女性三人）を儲けたとある。この女性三人の最年少に中野妻と記される。彼は永正元年に死去したので、彼女は永正元年以前の出生となる。最上義守の生年である大永元年に二十歳前後とすれば、天文十三年には四十歳前後であり、春還芳公禅定尼よりも明らかに若年である。

可能性としては、最上義守の父である中野義清は最初に大江知広の娘と婚姻したが、彼女が若年で死去するなどの事情があり、その姪にあたる大江宗広の娘と再婚したのかもしれない（大宮富善氏ご教示）。

天文十二年に比叡山へ旅立つ円海を見送った女性（義守御母）はだれ（大江知広娘、宗広娘）であったのか、確証はないが想像は広がる。

いずれにしろ、最上義守は義母そして実母とともに莫大な奉加を立石寺になした。その利益があってか、最上氏勢力拡大の基礎を固め、天正十八年五月十七日、七十歳の長寿を全うし、山形城下の竜門寺に葬られた。なお、片桐繁雄氏によれば最上義守は最長の山形城主であり、治世は五十年にわたるという（片桐二〇〇八）。

円海は最上義守義母・実母の庇護を受け、ついで義守とも深く結び付いたことは疑いあるまい。その背後には伊達氏の姿が見え隠れしている。さらに継嗣である最上義光の誕生にも一役買うことになることはのちに述べる。

円海と最上氏・伊達氏

さて、齋藤仁氏が述べる、一相坊円海への伊達氏と最上氏の共同による立石寺復興への助力はあったのだろうか。これは当時の円海が置かれた政治的立場を考えることになる。「円海置文」に記される二人の女性は伊達氏と伊達氏に関係の深い大江氏に関わる出自を持ち、最上氏の一員として生きた。円海はこの二人と関係が深いので、伊達氏との関係も想定しなければならない。直接の史料はないが、いくつか参考になる資料はある。

まず、立石寺には中世に遡る大般若経が二組（巻子・折本）ある。この奥書に記される寺院名に注目すれば、その多くは伊達氏の領国に存在する。『立石寺大般若経』は、伊達氏関係者の施入による可能性がある。さらに文正二年（一四六七）「伊達尚宗渡状」では、出羽国最上郡粟生田郷《あおたごう》に伊達氏の所領がある。粟生田は山形市の東側にあたる青田と考えられ、山形城の近くまで伊達氏の勢力が入り込んでいることを知ることができる。

また、『山寺名勝志』には、山上の性相院は「奥州太守伊達政宗母公の日碑《牌》なり」と記される。これは伊達政宗母が最上義守娘（義光妹）であるため、立石寺に援助をした最上義守・義光との関係で供養所に定められたということもあろうが、そもそも伊達氏と立石

寺の関係性が基盤にあってのことと
も思われる。

立石寺境内の中世城館址

さらに、立石寺境内の中世城館址の存在が気になるところである。立石寺の東、千手院地区集落の西側にある標高約三七〇メートル、平地からの比高約一〇〇メートルの丘陵突端に立地する。南方に立谷川が流れている高台にある。寺院に付属して中世城館が構えられることは珍しいことではなく、比叡山にも土塁や空堀といった施設を見ることができる。立石寺の城館の造営時期は判然としないが、この地域の緊張が最も高まったのは、天童氏との争いが起こった大永二年から、伊達氏天文の乱（伊達稙宗とその子晴宗の争いが東北南半の領主を巻き込んで拡大した騒乱）の起こった天文十一年当時であるから、この時期に構えられた可能性がある。ここは立石寺山上奥の院からつながる道があり、おそらく立石寺の境内部分に付属する山城で詰城ではなかっただろうか。ここから二口街道《ふたくちかいどう》で東に越えれば、伊達氏と結ぶ秋保氏が控えている。

秋保氏の地元は秋保であり、二口街道は宮城県仙台市太白区秋保地区（旧秋保町）に通じる。陸奥出羽連絡路を掌握する街道の領主であったと思われ、伊達稙宗方であった（仙台市史編さん委員会二〇〇〇）。天文十一年八月二十日牧野宗興書状によれば、大永年間に立石寺を攻めた天童氏は晴宗方であり、最上義守は稙宗方となる（齋藤仁二〇一六）。こうした当時の政治的・地理的関係からして、立石寺も稙宗方ではなかろうか。つまり伊達氏・最上氏とは結びつつ、天童氏とは対立する間柄ではなかろうか。

天童氏は天正十二年に最上氏との合戦に敗れ、陸奥国に落ち延びた。最も便利なのは二口峠を通って秋保に抜ける街道であるが、これを通らずに東根市方面の山中（関山峠か）を抜けて、縁族である国分氏を頼って伊達氏の庇護に入ったのである（天童市史編さん委員会一九八二）。立石寺との関係が悪かったためであろう。同時に、立石寺に天童方の武将の小松、安齋、三浦ら五十騎が逃げ込んだという。当然最上方の兵が追ってきたが、円海は立石寺は宗祖開基以來、厳しく虫飛禽走獣にいたるまで殺すことを禁じている、あえて加害することはないとしてかくまったと伝えている。これは円海の出自が天童氏とつながるものであったという伝承を想起させる。また、関係の深い伊達方を刺激しないためとも見える。

この時期、円海は最上氏の庇護を被りながら、伊達氏と関係を維持し、自らの出自にも関係する天童氏へも配慮するという立場であった可能性がある。

法灯の返還——円海と正覚院豪盛

法灯四十五年後の返還

立石寺の法灯は今も比叡山根本中堂に灯されている（図58）。延暦寺は山上山下三千坊と隆盛を誇ったが、堂舎は元亀二年（一五七一）、織田信長の焼き討ちにより焼亡した。復興には、立石寺の法灯が重要な役割を果たした。法灯の帰還を得た立石寺が、今度は返還する立場となったのである。先ほどの法灯帰還が立石寺側の意図で進められたのとは違い、延暦寺とときの政治権力が企画したこととなる。

灯火返還に登場するのが、立石寺側では法灯の帰還にも多大な役割を果たした一相坊円海、比叡山側では中心が正覚院豪盛、さらに南光坊祐能である。立石寺への法灯帰還があ

図58　立石寺根本中堂不滅の法灯

った天文十三年（一五四四）、円海は二十七歳、豪盛は十九歳前後である。四十五年後、延暦寺への法灯返還があった天正十七年（一五八九）、円海は七十二歳前後、豪盛は六十四歳前後である。先にあった法灯帰還の実務については、おそらく円海が知るのみであったのではなかろうか。

法灯返還の経過

まず、天正十年十二月尊朝法親王が薬樹院全宗・豪盛とともに、比叡山再興を発願した。天正十二年三月、延暦寺再興の綸旨を奏請した（大山一九五〇）。再建の中で、根本中堂本尊と灯火の外部からの移設が企画された。本尊薬師如来は美濃国（岐阜県）横蔵寺《よこくらじ》から動座、法灯を羽州最上立石寺が返還するというのである。

『山形県史』古代中世史料に収められる史料から返還の経過を知ることができる。文書を新旧に並べれば①〜⑰になると考えられる。無紀年文書は記された内容から年代を推定し並べている（『山形県史』の整理を参考とした）。

時系列は、延暦寺から立石寺に法灯返還の打診があり、これに対して立石寺から延暦寺へ受諾と円海による返還の回答がなされた。同時に、岐阜県横蔵寺へも本尊の動座について依頼があり、本尊が比叡山根本中堂へと動座することになる。

文書の宛所から延暦寺から立石寺へ出されたもの（①～④⑥⑯）、延暦寺から横蔵寺へ出されたもの（⑤⑫）、立石寺から延暦寺へ出されたもの（⑦～⑪）、最上氏から立石寺へ出されたもの（⑬～⑮⑰）が認められる。横蔵寺から立石寺へ、またその逆はないが、横蔵寺と立石寺は比叡山からの連絡を通してお互いの状況を把握していたのだろう。

以下、表2にまとめた文書十七本から経過をたどってみよう（⑫は江戸期の可能性がある）。

天正十二年の経過

正覚院豪盛が根本中堂復興のために立石寺へ法灯返還を働きかけた。①五月「豊臣秀吉判物写」は正覚院法院御房に宛てたもので、比叡山根本中堂戒壇院は、豪盛とともに豊臣秀吉と関係が深い薬樹院全宗が再興する。とくに比叡山は都の鬼門にあたるので、天下安全のために重要である内容が記され、再興許可のお墨付きを得ている。②七月十日「正親町天皇論旨写」は豪盛に宛てたもので、比叡山根

表2　法灯返還関連史料

①	天正十二年（一五八四）豊臣秀吉より豪盛と全宗へ比叡山復興が許される（天正十二年五月朔日「豊臣秀吉判物写」正覚院法印御坊宛（山県一五―一―二四六頁））。
②	天正十二年（一五八四）正親町天皇より豪盛に比叡山復興の綸旨が出される（天正十二年七月十日「正親町天皇綸旨写」正覚院法印御坊宛（山県一五―一―二四六頁））。
③	天正十三年（一五八五）後陽成天皇より伊達政宗に比叡山復興の綸旨が出される（天正十三年三月十一日「後奈良天皇綸旨」伊達左京大夫宛（山県一五―一―九五一頁））。
④	（天正十三年ヵ）正覚院豪盛より立石寺衆徒に向けて法灯の返還が依頼される（無紀年（天正十三年ヵ）三月日「豪盛書状」立石寺衆徒宛（山県一五―一―二四六頁））。
⑤	天正十三年岐阜県横蔵寺に比叡山根本中堂への本尊動座の依頼が正覚院豪盛により出され、立石寺へ法灯返還を求めた書状が添えられる（天正十三年三月日「本願僧正豪盛書状写（折紙）」立石寺衆徒宛　岐阜県横蔵寺文書（山県一五―一―九四八頁））。
⑥	（天正十三年ヵ）南光坊祐能より比叡山の復興工事が進んでいることが伝えられる（無紀年（天正十三年ヵ）五月八日「豪盛書状案」羽州立石寺衆徒御中「南光坊ゟ之状」（山県一五―一―二四七頁））。
⑦	（天正十三年ヵ）立石寺が準備を進めているが山形大火などありなかなか進まないと詫び言が記される（無紀年（天正十三年ヵ）「立石寺請文案」山門五智院御返答御同宿中宛（山県一五―一―二四八頁））。

⑧	（天正十三年ヵ）立石寺が横蔵寺の仏像が動座することを祝し戦乱などのために準備が遅れていることを伝える（無紀年（天正十三年ヵ）「立石寺請文案」山門正覚院僧正御坊宛（山県一五―一―二四八頁））。
⑨	（天正十三年ヵ）立石寺が比叡山根本中堂への灯明返還について異存がない旨を伝える（無紀年（天正十三年ヵ）七月十日「立石寺言上状案」比叡山宛（山県一五―一―二四七頁））。
⑩	天正十三年（一五八五）立石寺が⑥の南光坊祐能書状（豪盛書状案）に回答し、常灯返還について承諾する（七月二十三日「立石寺請文案」南光坊宛（山県一五―一―二四八頁））。
⑪	天正十三年（一五八五）立石寺が④の豪盛書状に対して回答し常灯返還について承諾する（天正十三年七月二十三日「立石寺請文案」探題正覚院法印御坊宛（山県一五―一―二四九頁））。
⑫	無紀年正覚院豪盛により横蔵寺の本尊が比叡山根本中堂本尊へと動座したことを、問い合わせを受けた智顕が認めている（無紀年（宝永二年以降ヵ）十一月十六日「心浄院大僧都智顕書状写（折紙）」濃州横蔵寺法印宛　岐阜県横蔵寺文書（山県一五―一―九四九頁））。
⑬	天正十四年（一五八六）最上義光が息子義康とともに立石寺法灯の燃油にあてる土地を寄進する（天正十四年正月一日「最上義光寄進状」立石寺衆徒宛（山県一五―一―二四九頁））。
⑭	天正十四年（一五八六）最上義光寄進状について浦山光種が副状したため燃油の使用について示す（天正十四年正月一日「浦山光種副状」立石寺衆徒宛（山県一五―一―二四九頁））。
⑮	天正十七年（一五八九）立石寺如法堂へ浦山光種が燃油のための土地を寄進する（天正十七年初春晦日「浦山光種寄進状」（山県一五―一―二五〇頁））。

⑯	（天正十七年ヵ）立石寺衆徒へ正覚院豪盛が立石寺と法灯返還経過と寺院・法灯の由緒を示す（無紀年（天正十七年ヵ）十一月日「豪盛置文写」（山県一五―一―二五三頁））。
⑰	天正二十年（一五九二）立石寺の燃油として浦山光種・簑和田讃岐守が土地を寄進する（天正二十年九月三日「浦山光種・簑和田讃岐守連署寄進状」（山県一五―一―二五〇頁））。

（注）『山形県史』資料篇一五上・下（古代中世史料一・二）をもとに作成。「山県一五―一―二四六」とは、同書一五巻上の二四六頁掲載であることを示す。

本中堂戒壇院の再造について、諸檀之助力と尊卑奉加により進めることを天皇の命令として示している。

天正十三年の経過

本格的に比叡山の復興が進む年である。③三月十一日「後奈良天皇綸旨」は、伊達政宗に宛てたもので、比叡山根本中堂戒壇院再造について協力するようにという天皇の命令である。伊達政宗はこの前年天正十二年十月に輝宗から家督を継いでいる。この綸旨《りんじ》と同じ趣旨のものが最上義光にも出されたことが、次の④「豪盛書状」にある。立石寺衆徒宛「豪盛書状」は、比叡山復興の中心人物である豪盛が立石寺衆徒に向けて出したものである。書き出しからすれば、これ以前に灯火の返還について調整があった可能性があるが文書は残っていない。立石寺と最上義光は、天下の儀としての比叡山の復興に参加してゆくこととなる。

正覚院豪盛の書状

④「豪盛書状」に「（前略）根本中堂灯明之儀、御返書令披覧候、御興隆之至難有候、（中略）本尊者任高祖伝教大師化縁之筋目、至濃州横蔵寺相尋候処、彼寺記録同前候上、生身之佛像将来安置候、然上者常灯之事、従御寺山上候様ニと願望候（中略）、将又最上殿江中堂御奉加之被成綸旨候、（後略）」と記される。再建される根本中堂に重要な灯火と本尊のうち、本尊は岐阜県揖斐川町にある横蔵寺の仏像が、伝教大師所縁のものであることが確かめられたので動座することにしている。同じく重要な不滅の法灯については、立石寺から返還してもらいたいと記される。この事については、最上義光にも綸旨が出されているという。

立石寺の法灯返還の動向は、天下人秀吉の許可と天皇綸旨が出されてのことであるから、最上義光にとって敏感な問題になる。当然、経過は彼の耳に入っていたと考えられ、交通路の確保を周辺大名に依頼することや、円海（おそらく随行者の分も）の旅費負担などを行ったと考えられよう。法灯返還の経過を受けて、翌天正十三年には法灯燃油のため土地の寄進⑬を行っていることもこの一環であろう。

⑤「本願僧正豪盛書状写（折紙）」は、岐阜県横蔵寺文書にある、立石寺衆徒宛の豪盛

書状である。先に取り上げた④豪盛書状とほとんど同一の内容である。文字の違いはいくつかあるが、これは翻刻に際しての間違いであるか、原文書を写すときの書き損じと思われる。復興根本中堂へ本尊の動座が求められたことを知ることができる。なお、⑫ではこの内容を後世に再確認する必要があったらしく、根本中堂本尊へと横蔵寺本尊が動座した事実を智顗が認めている。

⑥五月八日「豪盛書状案」は、羽州立石寺衆徒に宛てた豪盛書状ではあるが、末尾に「南光坊〻之状」と据えられているので、南光坊祐能が立石寺へ出した文書と考えられる。「貴寺之灯火可被差上通申定候、末代之名誉不可過之候」とあり、灯火を根本中堂に進上することは、立石寺末代の名誉であると記される。内容は先の豪盛の書状を受けての事で日吉社の柱を立て上棟されたことなど、復興工事が着々と進んでいることが記される。

なお、本文書で触れられる日吉社の造立であるが、天正十一年日吉社大宮の仮殿が造立され、十三年には本建築の立柱が行われ、十四年春に竣工している。

円海の対応

ところが、立石寺側にはいろいろな事情があったと見える。⑦山門五智院御返答御同宿中宛「立石寺請文案」は、立石寺の返事で五智院宛の請文である。立石寺の法灯返還準備はなかなか進まなかった。「山形火事出来無残所之砌、結句嫡息遠行無申事候、乍私此等之刻御存分難相調、此侘言候」と記され、城下町山形で火事が起こり痛ましいこと限りない、ご子息が不在となり、私どもとしても十分な準備ができないのでお詫びしたいと苦境が記される。最上義光にも「大切之御綸旨」が下され、なんとしても法灯の返還は進めなくてはならないのだが、立石寺だけの力では何ともならないところがあり、城下町火災などのため最上氏の助力が得られないという状況なのであろうか。

⑧山門正覚院僧正御坊宛「立石寺請文案」は、比叡山根本中堂内陣ができたことを祝し、そこに納められる「横蔵寺、生身仏像御登山、誠以御目出有難次第」と、横蔵寺の仏像が動座することに祝意を述べている。しかし、本尊厨子の前面に据えられる立石寺の法灯の返還はなかなか進まない。

円海の法灯帰還での交通路は、比叡山から日本海航路を使った。逆に今回は立石寺から寺津さらに最上川を下り、湊町酒田から日本海航路で敦賀へ向かうのであろう。「在々所々劇乱以外之故、万端不調之儀ニ候」の劇乱とは、立石寺から比叡山へ法灯を送り届ける道中での不都合を示すのであろうか。とすれば、天正十三年八月に越中（富山県）の大名佐々成政が秀吉に攻められ降伏したことが関係するか。越中は日本海に面しているので、この戦乱を恐れてのことかもしれない。

比叡山根本中堂への法灯返還を承諾

こうした解決すべき事態はあるのだが、⑨七月十日比叡山宛「立石寺言上状案」は、立石寺が比叡山根本中堂への灯火返還について、異存がない旨を示した。立石寺は慈覚大師建立の地であり、灯火は慈覚大師が伝えて以来、建立した法華堂と根本中堂の灯火として灯し続け、その間、法華三昧の修業を行ってきた。以前立石寺の灯火が消えたときには、比叡山の月蔵坊祐増の手引きで、根本中堂の灯火を頂戴することができた。以来四十年余りも伝えてきたところである。ほかの寺にも灯火はあるだろうが、立石寺の灯火は慈覚大師入定の地であるから格別で、他所に替え難いものであるから、ぜひ比叡山へ返還したいと伝えている。

ついで⑩天正十三年七月二十三日南光坊宛「立石寺請文案」は、立石寺が南光坊祐能に出した承諾書の案文である。⑥の「南光坊祐能書状」（「豪盛書状案」）に対する回答で、比叡山根本中堂再建に灯火を差し上げることはまことに喜ばしいとし、慈覚大師が清涼寺から投げた金剛杵が日本に届き、のちに探し当てたのが立石寺の霊崛《れいくつ》であった。灯火を差し上げることについては書面で差し上げると記されている。清涼寺は中国山西省の北東部の五台山にある。峨眉山・天台山とともに中国仏教三大霊場として知られ、文殊菩薩に関わる霊場である。ここで円仁が修行したことは『入唐求法巡礼行記』に詳しい。

着々とことは進む。⑪天正十三年七月二十三日探題正覚院法印御坊宛「立石寺請文案」は、立石寺が正覚院に出した承諾書の案文である。④の豪盛書状に対する回答である。これ以前にやり取りがあったらしく、円海が立石寺の灯火について、おそらく豪盛に書面で申し上げたことに対して、「三火一灯監（濫）觴文」を返していただいたので、「当寺法蔵納置永可」永く保存するとする。また、「御綸旨并秀吉公書状写」とあるので、綸旨・豊臣秀吉書状の写しは④の書状にともなっていたのだろう。また、「五智院」と灯火到着の相談をすることが記される。

ところが、たいへんありがたい仰せではあるが、「白露過半候条、海陸共不自由之間、至来春可被相登事」とし、九月も過ぎ秋の気配が加わり、日本海も荒れる季節になってきた。通行に不自由が予想されるから、来年の春に灯火は返還したいと述べられる。⑩⑪の内容は違うが、いずれも灯火の返還についての承諾である。ただし同じ日付で二通あるのは重複であり、よくわからない。比叡山側に作業内容の分担があり、立石寺は各所に回答を準備したのであろうか。それとも案として二通作成したのであろうか。

天正十四年の経過

前年のやり取りの末に、立石寺の法灯が延暦寺根本中堂に掲げられる準備が整った。⑬天正十四年正月一日立石寺衆徒宛「最上義光寄進状」は、法灯の燃油にあてる土地を寄進している。義光は比叡山の灯火を受け継いだことが広く証明された立石寺の法灯に、山形城下の鎮護を祈って土地を寄進したのである。立石寺が比叡山再興という、天皇綸旨・秀吉書状による国家的大事業に参加し、法灯を返還したことは、同じく綸旨を出されていた最上義光にとっても重要なことであった。おそらく、実際の返還はのちになるが、天正十三年段階で手続きの完結を見たのであろう。

伊藤清郎氏は、「最上義光寄進状」に名を据える高楡小僧丸は、義光息子の最上義康であるとし、この寄進状には最上義光と息子の二人の名が据えられていると見る（伊藤二〇一六）。寄進への父子二代の証明であり、燃油の永代保証を意味するものであろう。さらに副状があった。⑭天正十四年正月一日立石寺衆徒宛「浦山光種副状」は、「立石寺法花堂常灯寄進之状」として、寄進地から毎年「油伍斗七升」の燃油が出るので、毎月の常灯として使うのが「四升」。余りの「九升」は「閏月之時与、水損・旱魃」など非常の用意と、念入りに記される。最上義光の領国山形の鎮護を祈って燃油のための土地を寄進したことが記される。

しかし、肝心の灯火の返還は、ここから先がなかなか進まなかった。天正十五年と十六年の二ヵ年の動向がよくわからない。いずれにしても、灯火の返還の道筋は確定し、比叡山へ灯火を運ぶ機会をうかがっていたのであろう。

天正十七年の経過

⑮天正十七年初春晦日「浦山光種寄進状」は、立石寺如法堂燃油にあてる土地の二度目の寄進状である。「府内御祈願」のため、如法堂の灯火が消えることがないよう寄進している。最上家関係の土地の寄進は、比叡山再建に関わる法灯返還が了解された段階で、天正十四年に一度目。実際の法灯返還の目安が付いたことにより、本状にある二度目が行われたのであろう。

いよいよ、比叡山根本中堂に立石寺の法灯が返還されることになる。⑯十一月日立石寺衆徒宛「豪盛置文写」は、立石寺衆徒へ宛てた正覚院豪盛の置文で、法灯返還の最後を飾る文書である。大意は、慈覚大師が金剛杵を投げ、落ちたところに建てた精舎が「羽州松島号立石寺」であり、円仁入定の「花芳峯」と異なるところがない場所であると書き始める。根本中堂や法花常行の規式、山王七社、常灯三火をすべて比叡山から移しとった。立石寺の法灯が消えたとき立石寺の僧円海はこれを憂い、天文十二年六月五日に伝教大師のかかげた根本中堂の常灯を立石寺に移した。その後、元亀二年（一五七一）八月十二日、織田信長の焼き討ちにより、延暦寺堂塔は半日で灰燼となり、私、豪盛はたまたま逃れた。延暦寺を復興したいと念じ、綸旨をいただくことができた。天正十三年に根本中堂を復興し、ここに昼夜不滅の灯火を欲しいと思い、立石寺の灯火を招いた。天正十七年十月二十五日に円海が灯りを返還し、ようやく比叡山根本中堂の常灯が挑げられた。ここに出羽守最上義光と一相坊円海のますますの繁栄と幸運を祈りたい。と結ぶ。

「豪盛置文写」にはとくに最上義光が記される。法灯の返還には最上義光の力が絶大であったことを示す。さらにこののち、⑰天正二十年九月三日「浦山光種・簑和田讃岐守連署寄進状」と、最上家関係の常灯燃油の寄進は続く。

以上、法灯の返還には、比叡山の意図とともに、一相坊円海の努力、そして何よりも最上義光の助力が必要であったことを知ることができる。

なお、このとき、立石寺から灯火を移した復興根本中堂であるが、寛永八年（一六三一）の台風によって倒壊し、寛永十一年から再興に取り掛かり寛永十九年に落慶している。現存するのがこの本堂（国宝）である（景山一九七八）。

円海と延暦寺―延暦寺僧月蔵坊祐増

円海は延暦寺とどのように結び付いていたのか、この結び付きを示す史料は少ない。手掛かりとして、立石寺と延暦寺の間で法灯の帰還と返還に登場する比叡山坊院の所在地に注目してみたい。

比叡山は、東塔・西塔・横川と地区が分かれ、東塔地区には延暦寺総本堂の根本中堂があり、ここに不滅の法灯が伝えられている。さらに東塔地区は、東谷・南谷・北谷・西谷・無動寺谷などに分かれている。このうち東塔東谷は慈覚大師御廟の所在地であり、根本中堂の東南にある仏頂尾と東北にある檀那院の二つの地区に分かれる。

さて、円海の関連する坊院を時系列から挙げれば、先の『円海置文』に比叡山東塔「教王院」、④「豪盛書状」に「五智院」、⑥「豪盛書状案」に「南光坊」、⑨「立石寺言上状案」に「花王院」「月蔵坊」、⑦「立石寺請文案」に「五智院」、⑧「立石寺請文案」・⑪「立石寺請文案」・⑯「豪盛置文写」に「正覚院」が記される。

まず法灯の帰還時天文十三年、東塔「教王院」を宿坊として根本中堂の灯火を拝領、このときには東塔の「花王院月蔵坊」の指南を受けた。のちの法灯返還時天正十三年～十七年には、「五智院」「南光坊」「正覚院」が記される。

武覚超氏の『比叡山諸堂史の研究』（武二〇〇八）を参照すれば、これら「教王院

〈坊〉」「花（華）王院（坊）」「月蔵坊」「五智院」「南光坊」「正覚院」は、いずれも比叡山の諸記録に存在を追うことができる。さらにその所在を確認してみると、まず法灯帰還にあたって関係した「教王院」「花王院」「月蔵坊」は、東塔東谷に存在した坊院（「教王院〈坊〉」は東塔北谷とも）であった。次に法灯返還にあたって関係した、「五智院」「正覚院」が東塔東谷、「南光坊」は東塔南谷に見える。法灯帰還でとくに重要な役割を果たした「月蔵坊」、返還での「正覚院」は、いずれも東塔東谷に位置している。つまり、円海に関連する比叡山坊院は、東塔東谷にその中心があったことがわかる。

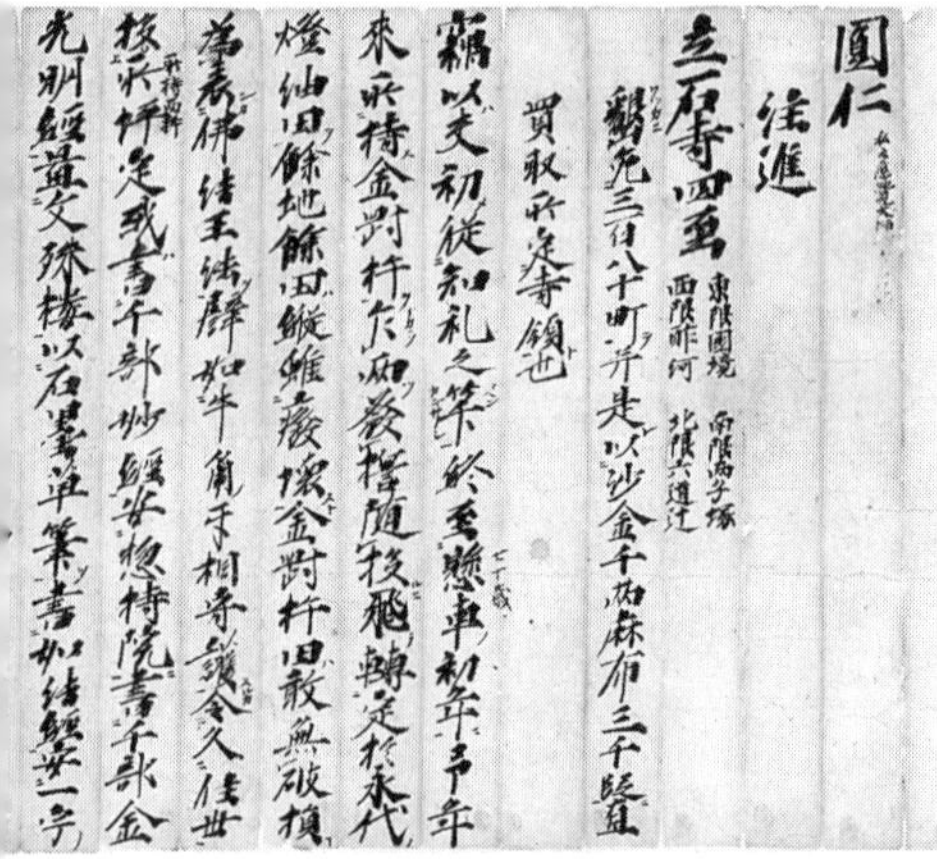

図59　「円仁置文写」（立石寺所蔵，山形県立博物館提供）

なお、平凡社版『日本歴史地名大系二五　滋賀県の地名』「延暦寺」の項には、東塔東谷には法然院が現存するのみで、山下坂本に東谷の里坊として現存するのが、華王院・寿量院・薬樹院・双厳院・五智院・理性院・延命院の七院となるという。

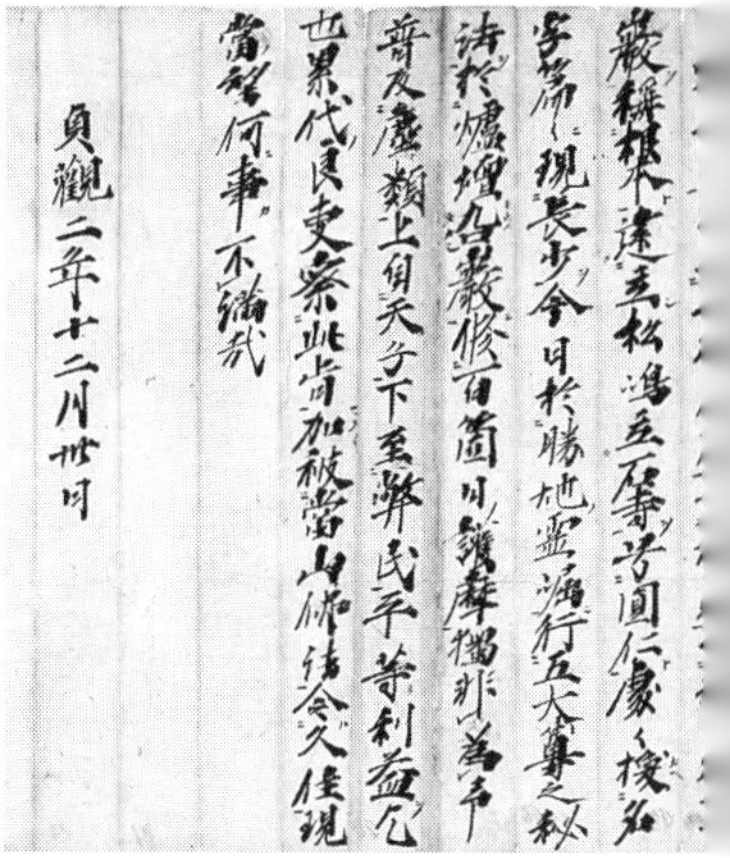
貞観二年十二月卅日

円海と比叡山東塔東谷

円海は比叡山東塔東谷と結び付きを持っていた。ここには円仁廟所があり、月蔵坊は円仁住坊と伝えられていた（武二〇〇八）。円海の時代月蔵坊を住坊としていたのが、比叡山僧月蔵坊祐増であろう。

祐増は円海とともに立石寺に深く関わる。まず円仁が山寺に立石寺を草創したという根本文書は「円仁置文写」（図59）であり、これが月蔵坊祐増の筆になる（武田一九九八）。齋藤仁氏は月蔵坊について、十二世紀には天台座主が住坊としていたという認識があり、貞和三年（一三四七）には、法花会の探題職に補任されるなど格式のある坊であったとする（齋藤仁二〇一六）。誉田慶信氏は月蔵坊祐増を天台教学のトップにいる僧と考え、延暦寺法灯の分火に相応しい古刹立石寺のために故事を引用しつつ、「円仁置文写」の草案を練り円海に下した人物とした（誉田二〇一八）。

月蔵坊祐増は円海の希望した立石寺への法灯帰還に助力し、立石寺の由緒を整えるなど、比叡山側の中心として尽力したのであった。こうして見ると立石寺と東塔東谷の両者には、円仁を紐帯とする結び付きが永く保持されていたように思える。立石寺に今も伝えられる如法経書写とも関係が伺える。

月蔵坊と如法経書写

月蔵坊を住坊とした僧たちは、円仁由来の如法経書写にも関係した。鎌倉時代嘉禎二年（一二三六）宗快によって、『如法経現修作法』（『大正新収大蔵経』悉曇部第八四巻）がまとめられた。円仁の時代よりも新しいがこれは書写が繰り返され、如法経の教科書とでもいうべきものだった。この中に「一。山門月藏房宰円記。山上多用之。是三塔并大原法則載之。委細之如法経法則。三塔大原此四不可過也」という一文がある。記された作法は比叡山東塔・西塔・横川・大原の法則であると、月蔵坊宰円が記している。

さらに、月蔵坊宰円は、建治元年（一二七五）九月七日『弾偽褒真抄』の奥書に「茲抄者月蔵坊房宰円僧都之草也」と名を据える。同書は比叡山延暦寺の声明の歴史、その流派を扱ったものであるという（多賀一九八一）。月蔵坊宰円は如法経書写を整理し、声明を伝える立場にもいたのであろう。

さらに、月蔵坊は、天喜五年（一〇五七）『僧綱補任抄出下』（『群書類従』第四輯補任部）に「号月蔵房云々」、建治元年『阿娑縛三国明匠略記』（『続群書類従』第八輯下）に

「山門ニ八月蔵坊永慶」が見え、永享五年（一四三三）閏七月条『満済准后日記』（『続群書類従』補遺一）に「山門金輪院同宿ニ月蔵坊ト云者」が登場する。円海の法灯帰還前後にも月蔵坊は見え、『光源院殿（足利義輝）御元服記』（『群書類従』第二二輯武家部）天文十五年十二月二十三日条に「山門衆月蔵坊」が相伴するなど地位も高い。月蔵坊の存在は永く確認することができる。

想像を膨らませれば、まず、立石寺と月蔵坊とのつながりは如法経書写（立石寺如法堂は延文四年〈一三五九〉に存在）、そして声明が考えられる。次に、さらに想像をたくましくすれば立石寺入定窟との関わりも想定できる。南北朝ごろに確認される慈覚大師立石寺入定《にゅうじょう》の伝承形成には、当然、比叡山側の僧たちの関与が考えられる。立石寺にこの内容に関わる文書は残されず、『山門秘伝見聞』と『山門建立秘訣』は、比叡山側の史料と考えられるからである。円仁廟所に近く円仁の住坊と伝えられる月蔵坊を住坊とした僧たちは、その候補に相応しい。彼らはこうした結び付きがあったからこそ、立石寺法灯の帰還に尽力したのではなかろうか。

月蔵坊祐増と円海は単に比叡山の取次と立石寺僧といったものではなく、両者には古く円仁に関わるつながりが存在し保持され、歴史的に深いものであった可能性がある。

円海と最上義光の関係、鳥居忠政との確執

円海と最上義光の誕生

円海は最上義光の誕生にも関与したという。義光の母が立石寺根本中堂に参籠《さんろう》し、義光を得たというのである。

比叡山の根本中堂には、万寿五年（一〇二八）三月七日、関白左大臣藤原頼通が七日間参籠した。このとき根本中堂で権僧正慶命に薬師法を修させたという。根本中堂は参籠の場でもあった。

立石寺根本中堂も参籠の場であった可能性がある。『山寺名勝志』の根本中堂の項には、円海が天文十五年（一五四六）の最上義光出生に関わったと記される。「義光の母嘗て子なきを憂う、時の学頭円海説くに毘沙門天の利生を以てす。夫人是に於て三基の像を求め、

信心余念なく遂に義光を生めりと伝う」。義光の出生譚は、真言宗僧侶の軍荼利夜叉秘法祈禱によるものも伝えられる（『羽源記』）が、立石寺もまた義光の母（「小野の少将の娘（『宝幢寺本最上家系図』）」）が心を寄せる祈願の場であったのであろう。

最上義光の母が納めた三基の像は『山寺名勝志』にある、最上氏寄附の「内陣の左側に安置せる厨子入三木像（毘沙門天立像四尺六寸五分、吉祥天女仝三尺四寸五分、善膩師童子《ぜんにしどうじ》仝二尺七寸五分）」であろう。この三尊は毘沙門天が北方の守護神で吉祥天はその妻、善膩師童子はその王子という組み合わせである。奈良・平安時代から三尊に祀られ、京都鞍馬寺本堂安置のものは国宝に指定されている。

義光の母は根本中堂に参籠して、堂内の毘沙門天の三尊を祈願仏とし、円海に祈禱を依頼したのではなかろうか。そして誕生したのが義光である。とすれば、義光はここに特別の思いを寄せないわけにはいかない。根本中堂の修理や、百丈岩頂上の経蔵の修理、さらには先ほど見た法灯護持の燃油料にあてる土地の寄進などは、こうした思いが込められたものではなかろうか。さらに義光はここで供養されることにもなる。

最上義光公御霊屋の建立

山上の中性院の前に最上義光公御霊屋がある。もとは五大堂の西奥、極楽院の隣にあった（図13の「山寺状絵図」参照）。

戦国大名は遺骸を葬る墓のほかに、高野山奥之院など複数の場所に供養のための施設を設けることがある。義光の場合は四ヵ所知られている。まず、最初に遺骸を埋葬した山形城下の慶長寺（現在の長源寺）、改葬した天滝山光禅寺（鳥居氏時代に改葬移動）、高野山奥之院五輪塔（図60）、ついで立石寺中性院御霊屋である。

さて、最上義光公御霊屋であるが、永井康雄氏により調査が行われている。報告によれば、炭素年代測定の結果、霊屋の柱は天文五年～元和二年（一六一六）、厨子の扉が慶長十二年（一六〇七）～元和九年ごろの物である可能性が高いという。義光没年は慶長十九年である。元和三年七月十六日「立石寺一山中田帳」には「御庵室」と記されていることから、遅くとも元和三年以前に霊屋は建てられていたと考えられ、算定された年代とも矛盾しない。また、もとは極楽院の脇にあり、中性院の向かい宝幢院の北側、さらに現在地と移転した（永井二〇一五）。元和三年は円海百歳前後である。

寛永十四年（一六三七）『立石寺田畑帳』には、出羽守庵室分は中性院の知行とあるので、中性院とはもとから関わりがあったのであろう。ここには新庄藩戸澤家の位牌も祀られ、大名家の供養を行う坊院であったのだろう。では、だれが御霊屋を建立したのであろうか。

最上義光公御霊屋と山野邊義忠

『山寺名勝志』の「最上義光の霊屋」には、本尊は地蔵菩薩（木製立像一尺一寸）、義光と一族の霊を祀るとある。当初の建築者を義光の四男山野邊義忠とするか、義光の後を継いだ最上家親とするかは意見が分かれている。伊藤清郎氏は山野邊義忠の造立の可能性を指摘する（伊藤二〇一六）。たしかに納められる十基の位牌は、最上義光、家親、義光死去時点の殉死者四名、義光四男の山野邊義忠、その長男義堅、次男義致の三名、さらに山野邊家の関係者一名の合計十名となり、山野邊家関係者が四名と多い。

図60　最上義光五輪塔（高野山奥之院所在）

山野邊義忠は最上家改易のあと備前岡山池田家に預けられ十三年

間を過ごすが、寛永十年徳川家光の命により水戸徳川家に移り一万石で家老として仕えた。義忠の子孫は天保十年（一八三九）に茨城県日立市にあった助川海防城に入部し、水戸家で重要な役割を果たした（後藤二〇〇四）。

片桐繁雄氏も、山野邊氏が義光公御霊屋の建築と維持に重要な役割を果たしたことを整理した。義忠位牌の牌記「義光次男従五位上　山野辺右衛門太《ママ》夫義忠　寛文四天極月十四日午ノ上刻」に注目し、四男として系図には記されるが、正室が生んだ男子としては、二男にあたるという意味かもしれないと指摘する。さらに『山形風流松木枕』には「宝暦十三年（一七六三）二月七日に、義光公百五十年忌、この御子孫（義忠の子孫）より御弔いあり」の記事があることから、山野邊氏が霊屋への供養を継続していたと見る（片桐二〇〇九）。たしかに二男という牌記は、最上家改易後にあっては、自らが最上家の正統を継ぐものであり、そのために父義光の御霊屋を造営したという表明にも思える。

元和八年立石寺と関係の深い最上氏は改易となった。最上家信家臣の不和が幕府の裁定も効かない状態となり、扶持分として近江国に一万石を与えられ、山形を去ったのである。突然のことであった。だが、最上家は山形を離れても、ときどきに山形とのつながりを持っていた。山形市にあった宝幢寺は義光の祈禱寺であったが、ここに最上家との関わりを伝える資（史）料が残るのである。立石寺にある義光霊屋と山野邊家とのつながりもまた、山形と最上家との結び付きを示すものなのであろう。

最上家改易は立石寺にも大変動をもたらした。引き起こされた変動に百歳を越えた円海は必死に抵抗した。

鳥居忠政との一件

最上氏旧領には、徳川家の譜代の家臣である鳥居左京亮忠政が磐城平から山形二十二万石、戸澤政盛が常陸松岡から真室城六万石、松平重忠が横須賀から上山城四万石、酒井忠勝が信州松代から鶴ヶ岡城十三万八千石でそれぞれ入封する。戸澤・松平・酒井はいずれも鳥居忠政の縁族（戸沢政盛は忠政の妹聟、酒井忠勝は忠政の娘聟、松平重忠は忠政の従弟）であり、鳥居氏の一族によってほとんどの最上氏旧領は分割されたのであった。元和九年入部した鳥居忠政は、苛烈な検地を実施する。農民はこの元和検地を「左京縄」と称して、後世までその高率貢租を怨嗟したと伝えられている。立石寺に対しても同様であり、山形城の修理のため、立石寺の寺原の林木を伐採し山林を没収したという。

立石寺が寛永二十年未ノ極月九日に御奉行所に宛てた「言上書案」には、「謹言上（前略）然ニ立石寺者殺生禁断之山也、然所近年御国替後、鳥井佐京殿御祭茂被相止、殺生茂破、銘木ヲ切、種々山ヲ荒シ、是迷惑存候、一山之出家共罷出、色々御詫申候得共、御合点無之候、今や出家共ニ横役被仰付候間、致迷惑事（後略）」と記される。この文書自体は、円海死去後の紀年を持つものだが、寺領押領、山林伐木など、立石寺への介入は大いに迷惑であると記し、鳥居氏介入の状況を残す。

当然、円海は激しく抵抗した。当時百六歳前後の高齢であった。

円海の呪詛

円海は鳥居忠政との交渉がらちが明かないことを悟り、鳥居忠政を呪詛するという行動に出たという。寛文八年（一六六八）ごろ成立かと思われる『故事来暦之事』は、立石寺と深いつながりがあった荻野戸（塔）村（現天童市）の事績についての史料であるが、この中に円海呪詛の一件が載る。「一、荻野塔村ニ而古例之儀有之候由来之儀ハ、元和八壬戌年鳥居左京亮様御高ニ四万石ニ而奥州岩城ゟ御入国有之、然処山寺立石寺攻立候ニ付立石寺院家武士ハ太刀先出家ハ数珠と院内を立退滝の原江籠、二一日之断食ニ而鳥居様祈禱いたし、然荻野塔ニ而ハ院家之御行衛不知ニ付、山々ハ不及申谷々沢々尋見候之処、滝の原ニ而院家ニ閲し則荻野塔六人之者院家を奉背負霜月十五日ニ山寺江立戻候ニ付、祈禱之利益ニ候哉鳥居様無間も難病を煩候而已ならす変有之、山形御城地被召上候儀ニ御座候」。

立石寺院家の円海は、武士は太刀で闘い出家は数珠で立ち向かうと、二十一日間の断食の上、呪詛を行ったというのである。場所は二口街道を仙台へ行く途中にある、滝の原（秋保大滝）であった。呪詛は成功の証を得たものの、精魂を使い果たした円海も瀕死の状態であったらしい。

このとき、断食後瀕死の円海を背負って、立石寺に立戻ったのが上荻野戸六軒在家の人々であったと伝えられている。彼らは貞観年中、慈覚大師が立石寺開基の折、随身してきた六人の在家に始まるという。随僧は立石寺を守護し、俗人六家は荻野戸に留まり、立石寺への在家役を負担したという由緒ある家柄であった。

元文三年（一七三八）ごろ成立という『山形風流松木枕』はさらに詳しく、「山形御城築之節、山寺立石寺の持分の寺原と云有、清和天皇この方、此松林大木にして真直ぐにて、三里の道法門前と成て有しを、難渋を云掛、立石寺ゟうばい取、我領内とし伐取り、城を普請す、此故に立石寺てらをひらき、仙台への道に五・六丈も可有大滝有り、此下に藁人形を拵、骨々節々つかいつがいに針を打、現在証拠見せしめ玉ひと、其身はぐれん大せうねつ地獄罪人と成て、七日七夜祈し所、則人形逆様に滝に登るを見て、決願うたがいなしと悦ひ、ゐい山に登る。はたして其身悪病を請、死去せらる」という。大意は、忠政は山形城の改築にあたって立石寺の寺原にある松の木を伐採した。清和天皇以来守り育ててきたものであり、許すことはできないことであるから秋保大滝で呪詛を行った。滝の下で藁人形をこしらえ、骨の節々に針を打ち込み、円海はその身を紅蓮の大焦熱地獄に落ちた罪人となって七日七夜祈った。そうすると藁人形が滝をさかさまに登ったではないか。これはわが願い成就の証と喜んだ。ほどなくして鳥居忠政は悪病を得て死去したという。

鳥居忠政が死去したのは寛永五年九月五日、六十三歳のことであった。本当に円海の呪詛があり、このために没したかどうかは直接史料がない。ただし、円海の呪詛によるという風聞は広く行き渡っていたものであろう。

さて、忠政の墓は山形市の長源寺であった。『山形御城主代々記』によれば、「左京亮寛永五年戊辰秋九月五日逝去、葬長源寺　号峰山玉雄　今長源寺之地ハ、光禅寺之地也此時三日町替地二成」と記されている。現在、鳥居忠政の墓は山形市長源寺、供養塔が立石寺に残っている。長源寺は鳥居氏の菩提寺で岩城から移動したもので、もとは義光の本葬墓が設けられた光禅寺の場所にあたる。

長源寺墓地中央の高台に鳥居忠政の墓がある。寛永十七年の十三年忌に建てた総高三メートルを超す板碑型墓碑が残る。寛永五年に家臣の奉納した石燈籠（十八基）が並んでいたが、現在完形は一基のみである（山形市史編さん委員会一九七六）。家督は鳥居伊賀守忠恒が継いだが、寛永十三年江戸で死去したため、領地召し上げの上信州高遠へ所替えとなった。鳥居父子の居城は十五年間であった。

立石寺境内には、巨大な鳥居忠政供養塔が営まれている（図61）。山門右手に見え隠れする塔式は関東地方の江戸系宝篋《ほうきょう》印塔《いんとう》で、東北地方では稀有の塔である。正確な実測値は得られていないが、五メートルに近い巨大な宝篋印塔であり、関東地区の資料と類似する。傍らには忠政に殉死した猪狩加右衛門の供養碑もある。

鳥居忠政供養塔の造営

なぜ、激しく対立した鳥居忠政の供養塔が立石寺にあるのか。『山寺攬勝志』には、鳥居忠政死去の後「子忠恒亦多病。宰臣謀姻家復寺田。誓仏懺罪。就而営兆域」とあり、忠政の子供である忠恒も病気がちであったため、家臣と親戚が相談して、立石寺の田地を返し懺悔した。そして、忠政の墓地を山内に構えることとしたという。かくて立石寺境内に鳥居忠政供養塔が建立されたのであった。

こうした史料を見てくると、忠政の死と円海の呪詛、鳥居家の立石寺への謝罪という文脈が供養塔造塔の理由と考えたくなる。ただ、事実に即して考えれば、もともと立石寺は山形城主の供養所であり、最上義光公御霊屋も設けられている。近世大名墓が設けられる

図61　鳥居忠政供養塔（立石寺所在）

霊場であったのである。

このため最上家を継いだ山形城主鳥居家も、ここに供養塔を建立したのであろう。そもそも、寛永二年六月十八日に没した鳥居氏家臣安藤基直の供養塔が根本中堂東側に、寛永四年に没した鳥居氏家臣高須弥助の供養塔も鳥居忠政の供養塔脇に建立されている。忠政墓に先行するものであり、霊場立石寺は、山形城主である鳥居家の供養所に相応しいと、もとより考えられていたのであろう。

円海の入滅と出現、そして守護

円海は、立石寺法灯の比叡山からの帰還、立石寺法灯の比叡山への返還、月蔵坊祐増・正覚院豪盛・最上義光・鳥居忠政と関わりあい、困難を乗り越えながら、その時代を生き抜き立石寺を中興し近世寺院としての基礎を確立した。ついに寛永十一年入滅した。ときに百十八歳の長寿であったという。徒弟たちは火葬し、遺骨を開山堂千丈岩岩窟へと納めた。この岩窟こそ立石寺の最も聖なる空間、慈覚大師入定窟であり、当然慈覚大師の眠る金棺へと納められたのであろう。ときを経て円海は再び出現した。先ほど見た立石寺聖域である入定窟の学術調査によってである。この中の火葬人骨が一相坊円海と考定され、この世に再び現れたのである。そう、今も円海は慈覚大師とともに立石寺を守護しているのである。

今を生きる寺——エピローグ

令和二年（二〇二〇）は新型コロナウィルスによって引き起こされた疫病の蔓延により、全世界は未曾有の事態に直面した。立石寺《りつしやくじ》でも四月十一日から五月十日まで入山禁止・堂塔閉堂の措置を取らざるを得なかった。その後は新型コロナウィルスの感染防止対策を取りながら拝観が再開されている。この災厄はいつ解消されるかは定かでなく、現在のところワクチンの接種以外に鎮める方法はなさそうである。立石寺拝観に訪れる方々のみならず、麓の商店街の方々も大きな影響を受けたのであった。

海外との往来もほとんど不可能となった。世界中の国々が国外からのウイルス侵入に備え、外国人の入国を制限したからである。往来回復への道筋もまだ見えてきていない。

立石寺に参詣すると、外国の言葉が聞こえることがよくあった。東南アジアと中華圏からの観光客が多かった。この理由に、山形はNHK朝の連続ドラマ「おしん」ゆかりの地であり、名所を巡る中でここ山寺にも訪問するという話を聞いた。おしんは実在の人物として信じられている向きがある。二〇〇〇年代初めにミャンマーの仏跡調査を行った際に、同行してくれた現地の女子大学生と食事をともにしたことがある。どこから来たというので日本だと答えたところ、日本のどこかというから、山形だと答えた。そうすると彼女は山形を知っているというではないか、意外な答えに大変驚いた。彼女は「おしん」をテレビで見たというのであった。山形はミャンマーでは有名ですよとも付け加えた。

平成三十年（二〇一八）『山形県観光客数調査』によれば、山形県の名所・旧跡観光客数の一位は米沢市の松岬公園（戦国武将上杉景勝ゆかりの米沢城）、これについで二位が山寺立石寺である。また、平成三十年度には「山寺が支えた紅花文化」というストーリーが日本遺産に認定された。立石寺は日本中・世界中から観光客が集まる観光名所となっている。

霊場《れいじょう》は風光明媚な勝地が選ばれるため、その存在理由まで踏み込んで理解することはできないまでも、外国人が受け容れやすい観光地であるのかもしれない。外国人の目に、霊場立石寺はどのように映るのであろうか。おそらく私たちの感覚とは全く別の感覚で理解しているのであろう。平成二十七年に石造寺院の石材切り出しと利用調査のため、ラオスの有名な世界遺産ワットプー遺跡を調査する機会があった。石造のヒンドゥー教寺院遺跡は十一世紀〜十三世紀の間に、アンコール遺跡群を王都とするクメール人によって建てられた。基点としたのはラオス南部の町パークセーである。カンボジアとタイに近いラオス南部の商業的中心地であり、フランス人が基礎を作った町である。ここにはメコン川が流れ、郊外に長大な橋が架けられている。橋を渡って世界遺産ワットプー遺跡までは車で一時間ほどの距離にある。この橋のたもとにメコン川に面して山があり、メコン川を足元に見る山頂の景勝地に巨大な仏像が営まれていた。仏像は新しく近年の造立ではないかとのちに聞いた。ここはメコン川が平野から山岳地帯へと入る狭窄部にあたり、巨大な仏像が見守ると感じられ、このロケーションには非常に意味があると思えた。山寺の五大堂からの眺望を想起し、共通する景観に感激したのである。そう、同じような景観は、背景は異なるが世界中にあるのだと。

立石寺の場合、風光明媚な景観地であるということの外に、伝統が今も引き継がれているという厚みが加わっている。中世以来の不滅の法灯・如法経書写、そして納骨信仰が今に引き継がれ、山寺夜行念仏や山寺のシシ踊りなどの行事も世代を超えて引き継がれている。まさに霊場として今も生きているのである。

立石寺の存在は単に霊場寺院という評価にはとどまらず、観光という面からは世界に開かれ、独特の景観は文学や絵画芸術などへ影響を与え、さらには人々が時間を超えて信仰を寄せてきた場であり、現在の私たちが共鳴できる空間であるといえるのではなかろうか。

あとがき

私は立石寺に隣接する山形県天童市に生まれた。小学校六年生の遠足は学校を出発して立石寺の奥の院まで、往復一六キロほどを歩いた。子供の足では霊場はすごく遠く、信仰心を試すように道も悪く、担任教師がバイクで伴走していたのが羨ましかった。これ以外にも登山好きの父親に連れられ、何度も奥山寺の登山コースを巡った。また、立石寺へ歯骨を納めたという話、魂が立石寺へ飛んだのを見たという話を聞きながら成長してきた。膝元に住んでいたわけではないが、皮膚実感として立石寺を感じていた。そして、本書の執筆依頼を受けたときには、プロローグに触れた川崎利夫先生との一件が鮮やかに思い起こされた。霊場の作用かもしれない。

本書執筆のきっかけを与えてくれた中世霊場研究の先駆者、中野豈任氏は新潟県北部の揚北《あがきた》をフィールドとして研究を進めた。氏の研究成果は「中世心性史」という新しい研究分野を拓いたことは書中に触れた。

中野氏が研究を進めた時期以降、中世考古学研究は長足の進歩を遂げた。一九九〇年代半ば以降、貿易陶磁器・国産陶器・土器（かわらけ）・銭貨（古銭）・石造物（板碑《いたび》・五輪《ごりん》塔《とう》・宝篋印塔《ほうきょういんとう》ほか）・墓地（中世の火葬や納骨の実態）・城館・霊場などの集成的研究が日本全国を対象として行われ、広範な比較研究ができるようになった。研究を通して遺物の編年的（年代）研究が整理され、全国的な視野のもとで分析可能となってきた。当時、山形県埋蔵文化財センターで発掘調査に従事していたこともあり、いくつかの資料集成と類型化に協力することができた。立石寺に存在するさまざまな遺構・遺物（やぐら・五輪塔・板碑・岩塔婆《いわとうば》・笹塔婆《ささとうば》・木製五輪塔など）を、全国的に比較研究できるようになったのである。

中世考古学研究は日本中世史の研究にとっても重要な位置を占めるようになり、同時に考古学研究側も文献史料などを積極的に活かす必要性が生まれ、相互乗り入れの研究会が多く開催された。私はそれらに積極的に参加し、発表させていただくとともに全国各地を飛び回った。残念ながら現在この動きは下火になっているが、本書は他分野の方々との交流による成果を多く盛り込んでいる。中世考古学資料を史料を読み込みつつ理解することには以前から興味があった。山形大学では中世史の伊藤清郎先生のゼミに所属した。考古学で卒論を書いたが、史料を読み込む基礎を教えてくださった伊藤先生には感謝したい。

霊場を主要テーマとした研究会も開催された。私が事務局長を務めていた東北中世考古学会では、二〇〇五年の第十一回大会に霊場をテーマとして研究大会を行い、平泉・松島・名取熊野社・瑞巌寺・国見山廃寺・恵日寺・立石寺、北上川流域の霊場、出羽国北部の古代城柵、津軽阿闍羅山周辺・北上川流域の板碑などの個別事例について討議した。さらに二〇〇九年の日本考古学協会山形大会では、主要テーマの一つに立石寺を取り上げ、私も発表させていただいた。霊場立石寺を文献史・美術史・考古学から学際的検討を行ったのである。この成果からもたくさんのことを学んだ。

さらに、二〇〇四年から十数年に渡って、狭川真一氏を研究代表とする中世墓資料集成研究会参加したことは大きかった。日本全国の中世墓を巡検し、各地の霊場を訪問することで、霊場と中世墓とは密接に関わりあって存在することが理解できた。このような機会を得たことに感謝したい。海外の事例（インドの都市バナラシの火葬など）まで実見することができ、火葬の火が聖なる灯火として保存され続けていることに驚いた。

このころ山形県教育庁文化遺産課で世界遺産登録推進・文化的景観選定業務に従事した。

山形県内の史跡と文化財の価値を整理する業務に就き、県内全体の文化遺産を日本さらに世界と比較する視点の重要性に気づいた。ついで山形県立博物館の歴史部門担当として、山形県内の歴史に関わる展示を数多く手掛ける機会を得た。なかでも立石寺と並び立つ大寺院であった宝幢寺（真言宗）の資料寄贈を受けて展示会を行ったことは、山形県内の寺院史を考えるきっかけとなった。

また、二〇一七～一八年にかけて中国社会科学院考古研究所客座研究員として北京に滞在することができた。中国の目覚ましい考古学成果を直接吸収でき、本書執筆にとって影響は大きかった。海外の情報を恐れることなく活かせるようになったからである。

本書をまとめるまでに多くの方々にお世話になった。資（史）料収集では古山明日香氏、須藤英之氏、舘内魁生氏の格別のご協力を得た。資（史）料調査では井形進氏、伊澤満智子氏、伊藤清郎氏、伊藤宏之氏、遠藤俊英氏、榎森裕田師、海邉博史氏、久保智康氏、佐藤亜聖氏、佐藤庄一氏、齋藤弘氏、狭川真一氏、関口健氏、長岡龍作氏、七海雅人氏、藤澤典彦氏、誉田慶信氏、八重樫忠郎氏、柳原敏昭氏のご教示・ご案内を得た。中国語文献調査は四川大学の范佳楠氏のご協力を得た。さらに議論に応じてくださった大宮富善氏、久保智康氏、齋藤仁氏、堀裕氏、吉田歓氏からは適切な助言とともに、多数の資（史）料のご提供をいただいた。山寺立石寺住職清原正田師からは調査に便宜を図っていただくとともに、立石寺と天台宗の歴史について貴重なご教示を得た。山寺芭蕉記念館の相原一士氏と、山寺地区で長年歴史を研究されてきた新関孝夫氏からは、本書に深みを与えるご助言をいただいた。妻の山口さよ子は画像や表の処理など細かな調整を手伝ってくれた。このほかにもお世話になった方々は多い。心より感謝を申し上げたい。

なお、編集にあたられた吉川弘文館の伊藤俊之さんからは細かいチェックをいれていただき感謝したい。そして、永田伸さんには出版事情が厳しい中、締め切りをはるかに過ぎた原稿をお待ちいただき感謝の言葉以外何ものもない。厚くお礼を申し上げたい。

本書が中世霊場立石寺の歴史を知るうえで少しでも貢献できたら嬉しく思う。

二〇二〇年十二月

山口博之

参考文献

＊配列は編著者の五十音順。

相原一士　一九九九「資料紹介「山寺　宝珠山立石寺図」」『山寺芭蕉記念館紀要』四
網野善彦　一九九八『日本中世の百姓と職能民』(『平凡社選書』一七〇)、平凡社
荒木志伸　二〇〇七「石造文化財から見た立石寺の変遷」(東北史学会・古代中世部会発表要旨)
荒木志伸　二〇一二「立石寺の霊場変遷と景観」『考古学雑誌』九六―四
有賀祥隆ほか編　二〇〇六『奥州仏教文化圏に遺る宗教彫像の基礎的調査研究報告書』(科学研究費基盤研究(A)(1))
石田茂作　一九五一「修験道と東北文化及び山寺の笹塔婆」『羽陽文化』一二
伊東史朗　二〇〇八「立石寺入定窟の慈覚大師頭部について」『仏教芸術』三〇〇
伊藤清郎　一九九七「蔵王信仰・竜山信仰と大山荘」『霊山と信仰の世界―奥羽の民衆と信仰―』(『中世史研究選書』)、吉川弘文館
伊藤清郎　二〇〇〇「羽州瑞宝山慈恩寺」『中世日本の国家と寺社』高志書院
伊藤清郎　二〇一六『最上義光』(『人物叢書』)、吉川弘文館
井上鋭夫　一九六八『一向一揆の研究』吉川弘文館
今尾文昭　二〇一三「陵墓制の弛緩と開掘」『季刊考古学』一二四

入間田宣夫　一九八三「中世の松島寺」『宮城の研究』三
入間田宣夫　一九九二「東の聖地・松島―松島寺と雄島の風景―」入間田宣夫・大石直正編『みちのくの都多賀城・松島』(『よみがえる中世』七)、平凡社
入間田宣夫　一九九四「中尊寺金色堂の視線」羽下徳彦編『中世の地域社会と交流』吉川弘文館
岩下哲典　二〇〇三「丸の内三丁目遺跡にみる江戸の普請・作事に関する祈りなど」(江戸遺跡研究会第15回大会発表要旨)
宇野隆夫　二〇〇一「古代荘園遺跡の諸相」『荘園の考古学』青木書店
羽陽文化事務局　一九五一「石田博士の調査」『羽陽文化』一二
NHKプロモーション編　二〇〇七『慈覚大師円仁とその名宝』展図録
閻　秋君　二〇一八「琉球の帰属問題をめぐる岡千仭の認識」『国際文化研究』一七
大石直正　一九八四「中尊寺領骨寺村の成立」『東北学院大学東北文化研究所紀要』一五
大友義助　一九七六「羽州山寺の庶民信仰について」『山形県立博物館研究報告』四
大平　聡　一九九九「「国府厨印」小考」『六軒丁中世史研究』六
岡陽一郎　二〇一九『大道　鎌倉時代の幹線道路』(『歴史文化ライブラリー』四八一)、吉川弘文館
海邊博史　二〇二〇「和泉砂岩製石造物の諸相」『季刊考古学』一四九
景山春樹　一九七八『比叡山寺』同朋舎
柏倉亮吉　一九五四「山形獄中の陸奥宗光」『山形県文化財調査報告書』五
片桐繁雄　二〇〇八「最上義守―歴代最長期の山形城主―」最上義光歴史館HP

片桐繁雄　二〇〇九「山野辺義忠」最上義光歴史館ＨＰ
勝野隆信　一九五〇「慈覚大師の遺骨と立石寺の諸問題」『日本歴史』二二
勝俣鎮夫　一九六四「慈覚大師入定説考」福井康順編『慈覚大師研究』天台学会
兜木正亨　一九八三「死骸敵守」網野善彦ほか編『中世の罪と罰』東京大学出版会
川勝政太郎　一九六二「我が国如法経における二三の問題(2)」『印度学仏教学研究』二〇
川崎浩良　一九五七『日本石材工芸史』綜芸社
川崎浩良　一九四八「東村山郡山寺史蹟古美術」『羽陽文化』一
川崎利夫ほか　一九四九「山寺入定窟の開扉」『羽陽文化』四
河野眞知郎　二〇一一「山寺峯の浦地区本院遺跡の第1次発掘調査報告」『さあべい』二七
菅野成寛　一九九五『中世都市鎌倉―遺跡が語る武士の都―』(『講談社選書メチエ』四九)、講談社
岸　俊男　二〇一〇「平安期の奥羽と列島の仏教」入間田宣夫編『兵たちの極楽浄土』高志書院
清原浄田　一九七三「倉印管見」『日本古代籍帳の研究』塙書房
清原浄田　一九八九「立石寺納経堂」『羽陽文化』一二七
愚勧往信著述・吉田幸一編　一九九三「伊澤三右衛門」『山形県大百科事典』山形放送
後藤禮三　一九六九『私聚百因縁集』中（『古典文庫』二六七）
小林　剛　二〇〇四「山野辺義忠と最上家改易」『山辺町史』上
一九五〇「伝自覚大師の木造頭部について」山形県文化遺産保存協会編『山寺の入定窟調査について』

齋藤茂吉　一九四五「立石寺の蟬」『文学直路』青磁社
齋藤　仁　二〇一六「戦国期における出羽国立石寺の様相と近世的変容」『歴史』一二六
佐伯有清　一九八九『円仁』（『人物叢書』）、吉川弘文館
狭川真一　二〇一〇「中世墓からみた「やぐら」」『坪井清足先生卒寿記念論文集』
狭川真一　二〇一六「納骨信仰遺跡研究の現在」『季刊考古学』一三四
狭川真一　二〇一八『福島県いわき市金光寺木造宝篋印塔調査報告書』元興寺文化財研究所
佐藤亜聖　二〇〇二「狭山池出土石棺と重源上人」シンポジウム『重源のみた中世』資料集
佐藤栄太　一九五〇「山寺の経塚に就ての一考察」『羽陽文化』七
佐藤弘夫　二〇〇三『霊場の思想』（『歴史文化ライブラリー』一六四）、吉川弘文館
志村直愛　二〇一二「山寺立石寺記念殿について」『東北芸術工科大学紀要』一八・一九合併号
鈴木　尚　一九八九「骨から見た徳川将軍家の実像」『羽陽文化』一二七
鈴木　尚　一九九八「山寺の入定窟」『骨が語る日本史』学生社
須藤英之ほか編　二〇〇九『山形城三の丸跡（城北遺跡）発掘調査報告書』（『山形県山形市埋蔵文化財調査報告書第』三〇）
関口慶久　二〇一三「江戸遺跡における地鎮・埋納の諸様相」『関西近世考古学研究』二一
関根大仙　一九六八「埋納経の内容としての法華信仰」『埋納経の研究』隆文館
仙台市教育委員会編　一九八六「柳生」『仙台市文化財調査報告書』九五
仙台市史編さん委員会編　二〇〇〇『仙台市史』通史編二（古代中世）

多賀宗隼　一九八一「彈僞褒眞抄について」『国士舘大学文学部人文学会紀要』一三
田熊清彦　一九九〇「堀越遺跡と墨書土器―下野国塩谷郷成生庄家小考―」『峰考古』八
武　覚超　二〇〇八「比叡山の堂舎分布と古道」『比叡山諸堂史の研究』法蔵館
竹田賢正　一九八六「羽州霊山山寺立石寺における庶民信仰の源流」『山形県地域史研究』一二
武田喜八郎　一九九八「山寺一山の復興と一相坊円海（實範）について」『山寺芭蕉記念館紀要』三
田代郁夫　一九九三「鎌倉の「やぐら」」石井進・萩原三雄編『中世社会と墳墓』名著出版
田中則和　二〇〇〇「松島―中世の霊場―」石井進監修『日本歴史の原風景』新人物往来社
圭室諦成　一九六二「葬式と仏事」『葬送墓制研究集成』三
千々和實　一九八七『板碑源流考』吉川弘文館（初出は『日本歴史』二八四・二八五、一九七二年）
中尊寺編　一九九四『中尊寺御遺体学術調査　最終報告書』
超　艶　二〇一八「釈迦牟尼仏神話研究―以仏伝為中心―」（陝西師範大学博士学位請求論文）
天台宗宗典刊行会編　一九一二『伝教大師全集』別巻
天台宗宝珠山立石寺編　二〇〇五『名勝及び史跡山寺石積み崩落後復旧工事報告書』
天童市史編さん委員会編　一九八一『天童市史』上（原始・古代・中世編）
東京都教育委員会編　二〇〇二『寛永寺及び子院所蔵文化財総合調査報告書』三、靖文社
東北芸術工科大学文化財保存修復研究センター監修・山形市教育委員会編　二〇一一『ふるさとの仏像―山形市内にある指定文化財―』
時枝　努　二〇〇九「山寺立石寺の金工資料」『日本考古学協会2009年度山形大会研究発表資料

集』
時枝　務　二〇一四　『霊場の考古学』高志書院
時枝　務　二〇一八　「霊場研究のなかの納骨信仰遺跡」『山岳霊場の考古学的研究』雄山閣
長井政太郎　一九三七　「最上川の水運」『地理教育』四・五
永井康雄　二〇一五　「山寺立石寺の最上義光霊屋について」『日本建築学会東北支部研究報告集』計画系七八
長岡龍作　二〇一〇　「みちのく・肖像の風景」三浦秀一ほか編『東北人の自画像』東北大学出版会
中島恒次郎ほか　一九九九　「横岳遺跡―横嶽崇福寺跡の調査―（遺構編）」『太宰府市の文化財』四五
中島恒次郎　二〇一二　「中世日本海側の墓標その出現と展開―九州―」『石川県埋蔵文化財情報』二七
中野豈任　一九八八　『忘れられた霊場』（『平凡社選書』一二三）、平凡社
七尾市史編さん専門委員会編　二〇一一　『新修七尾市史』通史編一（原始・古代・中世）
新関孝夫　二〇一九　『東宮嘉仁殿下「山寺行啓」の全貌を探る』誠文堂印刷
新野一浩　二〇一六　「特定集団にとどまった納骨信仰遺跡」『季刊考古学』一三四
西脇常記　一九九〇　「舎利信仰と僧伝におけるその叙述」『禅文化研究所紀要』一六
日本写真家協会編　二〇一八　『文化関係資料のアーカイブの構築に関する調査研究』
橋本澄夫ほか　二〇一一　「七尾市の原始・古代」『新修七尾市史』一四（通史編一）
速水　侑　一九七五　「地蔵信仰の民衆的展開」『地蔵信仰』（『塙新書』四九）、塙書房
平川　南　一九九三　「地下から発見された文字」木下正史・石上英一編『古代資料研究の方法』（『古

代の日本』一〇)、角川書店
平川　南　一九九九「古印調査の経緯と概要」『国立歴史民俗博物館研究報告』七九
平川　南　二〇一四「郡・村印と私印」『律令国郡里制の実像』下、吉川弘文館
樋渡　登　一九七九「山形市立石寺「仏説阿弥陀経」古写本」『山形県地域史研究』四
福島県棚倉町教育委員会編　二〇一一「流廃寺跡」『棚倉町埋蔵文化財調査報告書』二一
福山敏男　一九八三「中尊寺金色堂の性格」『寺院建築の研究』下、中央公論美術出版
藤澤典彦　一九七八「納骨信仰の展開」『日本仏教民俗基礎資料集成』二、中央公論美術出版
藤澤典彦　二〇〇七「中世における火葬受容の背景」狭川真一編『墓と葬送の中世』高志書院
藤澤良祐　二〇〇一「埋納された古瀬戸製品—特に大型壷・甕類を中心として—」『瀬戸市歴史民俗資料館研究紀要』一八
藤島亥治郎　一九五三「羽陽古建築雑抄」『羽陽文化』一七
宝珍伸一郎　一九九八「越前平泉寺と奥州平泉の関係を探る」森浩一編『古代探究—森浩一70の疑問—』中央公論社
星野英紀　二〇一三「大正大学と仏教研究」『大正大学研究紀要』九八
誉田慶信　一九九五「立石寺」網野善彦・石井進編『蝦夷の世界と北方交易』(『中世の風景を読む』一)、新人物往来社
誉田慶信　二〇一八「山寺立石寺と置文」『中世奥羽の仏教』高志書院
松尾剛次　一九九九「立石寺絵図に見える「阿所河院」」『山形県地域史研究』二四

三上喜孝　二〇〇七　「山形市上敷免遺跡出土の墨書土器」『山形県埋蔵文化財センター発掘調査報告書』一五九
水澤幸一　二〇一二　「関山系石仏群」『日本石造物辞典』吉川弘文館
村上春樹　二〇一五　「小説家になった頃」『職業としての小説家』スイッチ・パブリッシング
村木志伸　二〇〇五　「山寺奥の院の石塔婆について」『名勝及び史跡山寺石積み崩落復旧工事報告書』
村山正市　一九九五　「山形県村山地方における板碑型墓碑の形態分類と変遷試論」『山形考古』五―三
柳田國男　一九二八　「神を助けた話」『柳田国男全集』七（『ちくま文庫』）、筑摩書房
山内紀嗣　一九八八　「天理市岩屋谷の古墓をめぐって」『天理大学学報』一五七
山形県編　一九三三　『山形県史蹟名勝天然紀念物調査報告』六
山形県文化遺産保存協会編　一九五〇　『山寺の入定窟調査について』
山形市史編さん委員会編　一九七三　「西行の『山家集』と瀧の山」『山形市史』上
山形市史編さん委員会編　一九七六　『山形市史』別巻二（生活・文化編）
山下亮恂　二〇一六　「歯骨納骨の変容―村山地方における葬送習俗を通じて―」『東北宗教学』一二
山路裕樹　二〇二〇　「東海地方の古代石造物」『古代の石造物を考える』石造物研究会第十六回研究会資料集
立石寺中堂修理委員会編　一九六二　『重要文化財立石寺中堂修理工事報告書』真陽社
渡辺和行　二〇一九　「山形市域と置賜地域出土の関東系土師器」『北野博司先生還暦記念論集』

立石寺略年表

年号	西暦	記事（※数字は出典を示す）
貞観　二年	八六〇	円仁が山寺に宝珠山立石寺を創建し比叡山根本中堂の法燈を山寺へ分けると伝える。（※1）
天永二年ごろ	一一一一	『本朝神仙伝』に出羽国の石窟の仙（ひじり）が記される。（※2）
天養　元年	一一四四	真語宗僧入阿大徳らが、妙法蓮華経を慈覚大師の霊窟の側に埋経することを碑に刻む。（※3）
保元　三年	一一五八	石川県七尾市大田町海門寺の木造千手観音坐像に慈覚大師所縁の立石寺の霊木が選ばれ使われる。（※5）
仁安　二年	一一六七	定果坊が仏果僧進のため立石寺に埋経する。（※4）
元久　二年	一二〇五	立石寺本堂（根本中堂）の修造完了にあわせて、十二神将・七仏薬師如来像・日光月光二菩薩などが造立・修理される。（※3）
寛喜　三年	一二三一	山寺立石寺院主実賢が木製曼荼羅懸仏を納める。（※3）
正嘉　元年	一二五七	木造五輪塔に仏説阿弥陀経が六月一四日に納経される。前年建長八年九月四日熊野御山にて夢想の経を如法に書写したものと記される。このころ北条時頼が立石寺に命じて改宗し宝珠山阿所川院立石禅寺と称したという。（※3）
文永　九年	一二七二	このころ山寺立石寺峯裏に五輪塔が納入。康永三年一一月二四日・康暦元年六月二二日・同日・明徳三年の五輪塔、永仁四年三月一四日の板碑がある。（※3）

弘安　三年	一二八〇	日蓮が大田入道殿御返書に円仁の首は立石寺にあると記す。（※6）
永仁　四年	一二九六	亡母供養のため板碑を造立する。このころ立石寺が社寺交名（「関東御祈禱所注文」カ）に記される。（※3）
元弘　元年	一三三一	立石寺識乗坊を、院主・別当両職に補佐するという国宣が出される。（※1）
正慶　元年	一三三二	幕府の御教書により立石寺院主・別当に識乗坊が任命される。鎌倉将軍家（関東）祈禱所であったことによるものか。（※3）
元弘　三年	一三三三	立石寺院主・別当の両職を、識乗坊が、出羽国司葉室光顕の国宣で安堵（承認）される。（※3）
建武　元年	一三三四	立石寺院主・別当の両職に興円阿闍梨が、後醍醐天皇の綸旨によって任命される。（※3）
建武　三年	一三三六	立石寺院主・別当の両職が足利尊氏の御教書により識乗坊に返される。（※3）
延文　元年	一三五六	斯波兼頼山形へ入り、鬼門にあたる立石寺に信仰を寄せ根本中堂を再建するという。（※9）
延文　二年	一三五七	立石寺大般若経奥書銘（約六〇〇巻、長井之庄堂森今善光寺など銘）、このほかに延文三、応永四・五、永和二、応安などの紀年がある。（※7）
延文　四年	一三五九	亡き妙香の菩提供養のために、立石寺如法堂へ銅鏡を納める。（※1）
永和　三年	一三七七	立石寺から宮城県名取熊野新宮寺に「別訳雑阿含経」が借りだされる。（※7）
康暦　元年	一三七九	常陸公良快と浄位房が、おのおの立石寺の峯裏洞窟に五輪塔を納める。（※3）

永徳　三年	一三八三	群馬県世良田長楽寺の慈覚大師画像に、死後羽州立石寺入定窟へ飛び納まると記され、同様の記述はこのころの『山門建立秘訣』『山門秘伝見聞』にも記される。（※8）
明徳　三年	一三九二	峯裏洞窟に五輪塔が造立される。このあたりで紀年を持つ五輪塔造立終了。（※3）
永享　七年	一四三五	立石寺山王権現に鉄鉢が奉納される。（※3）
永正一四年	一五一七	円海、このころ村山定顕（天童城主北畠天童丸末子という）を父として出生という。（※12）
永正一六年	一五一九	小三重塔が十穀聖静允によって造立される。（※3）
大永　元年	一五二一	『東村山郡史』に「円海置文」にある「勤行不断之處ニ、天童成生不儀之以発向、堂寺悉令破滅、寺中家無一十余年」の記事が「年號未タ明ナラス、姑ク本年ノ條ニ収録ス」として採録。（※10）
大永　四年	一五二五	「円海置文」の年紀からすれば大永元年に置かれた立石寺退廃はこの年。（※11）
大永　八年	一五二八	立石寺伝教大師画像が作成される。（※4）
天文　三年	一五三四	立石寺日枝神社が、山形・中野・東根・高擶各氏、さらに六十六部聖有西の援助を受けて修造される。（※3）
天文一二年	一五四三	天台座主二品法親王尊鎮より灯火帰還の許可証が出される。（※3） 天台座主二品法親王、立石寺権律師実範（のちの円海）を法院職に補任する。立石寺の円海は最上義守、同母の助成を得て比叡山に登拝、根本中堂の

		灯火の分火を得て、日本舟運を利用し立石寺に帰還する。不滅の法灯帰還。（※4）
天文一三年	一五四四	立石寺「一相坊円海置文」を記す（立石寺文書）。（※3）
天文一五年	一五四六	円海、最上義光出生（天文一五年正月）に関わると伝えられる。（※12）
永禄一三年	一五七〇	最上義光が立石寺に対し祈願し、自らの立願成就の際には、一山中に他宗は居住させない旨を記す。（※3）
元亀　四年	一五七三	立石寺山王神社が再興され、本願主威光坊高盛らが棟札を納める。（※3）
天正一二年	一五八四	天童城落城、城主天童頼久は出走し家臣立石寺に逃げ入る。円海は最上方の兵が追ってきたがかくまうという。（※9）
天正一三年	一五八五	正覚院豪盛より立石寺衆徒に向けて法灯の返還が依頼される。立石寺と比叡山との間で法灯の返還について協議が本格的に始まる。（※7）
天正一四年	一五八六	最上義光が立石寺常灯油田、重澄郷内の畑二貫八五〇文の地を寄進する。（※3）
天正一七年	一五八九	初冬（一〇月）廿五日（二五日）円海が灯火を比叡山に届け、比叡山根本中堂に不滅の法灯が灯る。法灯の返還。（※3） 比叡山執行法印豪盛が立石寺繁隆を願い置文をしたためる。（※3）
天正二〇年	一五九二	立石寺の燃油として浦山光種・簑和田讃岐守が土地を寄進する。（※7）
慶長　四年	一五九九	最上義光が立石寺の納経堂を修理する。（※3）
慶長　九年	一六〇四	慶長年中に立石寺塔中諸坊・所有地を売却（「栄蔵坊売券」ほか）するものが多い。（※9）

慶長一〇年	一六〇五	姥堂修理、現在建物の前身か。（※13）
慶長一一年	一六〇六	最上義守が神保隠岐守を立石寺奉行に任じ根本中堂を修理する。（※13）
慶長一三年	一六〇八	楯岡光直、最上義光の長寿ほかを祈願し、立石寺根本中堂に鰐口を奉納する。（※3） 安食太和守、最上義光と自らの二世安泰を祈願し、法華経八巻を寄付する。（※7）
慶長一七年	一六一二	根本中堂東出入口柱壁に墨書が記される。（※13）
慶長一九年	一六一四	最上義光、山形で没する。享年六九歳。菩提寺光禅寺に葬られる。嫡子最上家親、義光の供養のため高野山に五輪塔を造立する。（※3）
元和　三年	一六一七	根本中堂板壁に墨書が記される。（※13） 最上義光公御霊屋が「御庵室」と『立石寺田帳』に記される。（※16） 三月六日、最上家親急死する。（※1）
元和　四年	一六一八	最上家信・大僧正天海、連署して立石寺の本末寺関係や一山の僧は学頭の下知に従うこととする立石寺一山法度を定める。（※1）
元和　八年	一六二二	最上義俊（家信）の家臣不和、幕府の裁定に従わないため最上氏を改易し、扶持分として近江・三河に一万石を与える。最上氏旧領には鳥居忠政・戸澤政盛・松平重忠・酒井忠勝が入封する。（※3）
元和　九年	一六二三	鳥居忠政、山形藩領の総検地を実施する。立石寺領を侵害したため円海が激しく対抗する。（※3） このころから岩塔婆が刻まれ始める。（※14）

寛永一一年	一六三四	一相坊円海入滅、百十八歳という。徒弟ら荼毘し骨を開山堂千丈巌之洞に納める。（※9）
慶安　元年	一六四八	徳川家光、黒印を改め一四二〇石の朱印寄附状を下附。（※9）
貞享　四年	一六八七	金棺覆箱張付板銘に、立石寺住持宗海が貞享三年入定窟破損を確認し金棺保護と扉の修理を行ったと記される。（※15）
元禄　二年	一六八九	松尾芭蕉、『おくのほそ道』紀行の旅にでる。五月二七日（旧暦）芭蕉が山寺立石寺を訪ねる。（※3）
元禄一一年	一六九八	幕府、立石寺に命じて、日光・月光両菩薩、十二神将を東叡山寛永寺に還座させる。（※4）
享保一一年	一七二六	松本一笑軒の著『山寺状』、洛陽書林から出版される。（※4）
宝暦　五年	一七五五	立石寺回禄の災に遭い、本堂庫裡ことごとく烏有に帰すという。（※9）
宝暦一三年	一七六三	正月、開山慈覺大師の九百回忌の法会を慈順が営む。（※9）
寛政　四年	一七九二	『乩補出羽国風土略記』が出版される。
天保　九年	一八三八	このころ岩塔婆の造営は終了する。（※14）
嘉　永年間		仁王門再建（現存）。（※13）
嘉永　二年	一八四九	開山堂建立（現存）。（※13）
文久年間		鐘楼・準提堂・一切経蔵建立（現存）。（※13）
明治　二年	一八六九	立石寺奥の院如法堂が焼失する。（※4）
明治　三年	一八七〇	神仏分離令によって僧徒の神勤が停止する。また、山王権現が独立し、日枝神社となり、仏像は中堂に移される。（※4）

明治　三年	一八七〇	領地は上地となり境内も上すべきの命を受け、わずかに五万八六四七坪のみを残す。（※9）
明治　五年	一八七二	本坊焼失のため諸記録焼失。（※13）
明治二三年	一八九〇	宮内省より根本中堂保存料として二五〇円が下賜される。（※4）
明治四〇年	一九〇七	国より四五万余坪を境内に編入することを許される。（※9）
明治四一年	一九〇八	立石寺根本中堂が国の特別保護建造物に指定される。（※4） 東宮（のちの大正天皇）東北巡行のおりに山寺に行啓される。（※9）
大正　三年	一九一四	慈覚大師入定一〇五〇年遠忌を行う。（※9）
大正　四年	一九一五	如法経所碑国宝（旧国宝）に指定される。（※13）
昭和　七年	一九三二	名勝及史跡に文部省指定、標識は文部大臣鳩山一郎揮毫。（※9）

（出典）※1＝『山形市史』上、※2＝『往生伝・法華験記』、※3＝『山形県史』別編3（年表）、※4＝山形県立博物館特別展図録『山寺』、※5＝『新修七尾市史』通史編1、※6＝『日蓮大上人御書全集』、※7＝『山形県史』資料編15上・下（古代中世史料1・2）、※8＝『群馬県史』資料編5、※9＝『山形縣史蹟名勝天然紀念物調査報告』6、※10＝『東村山郡史』、※11＝齋藤仁二〇一六、※12＝『山寺名勝志』、※13＝『立石寺中堂修理報告書』、※14＝荒木二〇一二、※15＝『山寺の入定窟調査について』、※16＝永井二〇一五

著者紹介

一九五六年、山形県に生まれる
一九八〇年、山形大学教育学部卒業
二〇〇六年、東北大学大学院文学研究科博士後期課程修了、博士（文学）
山形県立博物館学芸専門員を経て、
現在、東北学院大学東北文化研究所客員

〔主要著書〕
『中世奥羽の墓と霊場』（高志書院、二〇一七年）

歴史文化ライブラリー
523

山寺立石寺
霊場の歴史と信仰

二〇二一年（令和三）五月一日　第一刷発行

著　者　山《やま》口《ぐち》博《ひろ》之《ゆき》
発行者　吉川道郎
発行所　株式会社 吉川弘文館
東京都文京区本郷七丁目二番八号
郵便番号一一三―〇〇三三
電話〇三―三八一三―九一五一〈代表〉
振替口座〇〇一〇〇―五―二四四
http://www.yoshikawa-k.co.jp/
印刷＝株式会社 平文社
製本＝ナショナル製本協同組合
装幀＝清水良洋・高橋奈々

ISBN978-4-642-05923-7

歴史文化ライブラリー

1996. 10

刊行のことば

現今の日本および国際社会は、さまざまな面で大変動の時代を迎えておりますが、近づきつつある二十一世紀は人類史の到達点として、物質的な繁栄のみならず文化や自然・社会環境を謳歌できる平和な社会でなければなりません。しかしながら高度成長・技術革新にともなう急激な変貌は「自己本位な刹那主義」の風潮を生みだし、先人が築いてきた歴史や文化に学ぶ余裕もなく、いまだ明るい人類の将来が展望できていないようにも見えます。このような状況を踏まえ、よりよい二十一世紀社会を築くために、人類誕生から現在に至る「人類の遺産・教訓」としてのあらゆる分野の歴史と文化を「歴史文化ライブラリー」として刊行することといたしました。

小社は、安政四年（一八五七）の創業以来、一貫して歴史学を中心とした専門出版社として書籍を刊行しつづけてまいりました。その経験を生かし、学問成果にもとづいた本叢書を刊行し社会的要請に応えて行きたいと考えております。

現代は、マスメディアが発達した高度情報化社会といわれますが、私どもはあくまでも活字を主体とした出版こそ、ものの本質を考える基礎と信じ、本叢書をとおして社会に訴えてまいりたいと思います。これから生まれでる一冊一冊が、それぞれの読者を知的冒険の旅へと誘い、希望に満ちた人類の未来を構築する糧となれば幸いです。

吉川弘文館

歴史文化ライブラリー

文化史・誌

落書きに歴史をよむ——三上喜孝
山寺立石寺 霊場の歴史と信仰——山口博之
跋扈《ばっこ》する怨霊 祟りと鎮魂の日本史——山田雄司
将門伝説の歴史——樋口州男
藤原鎌足、時空をかける 変身と再生の日本史——黒田 智
空海の文字とことば——岸田知子
日本禅宗の伝説と歴史——中尾良信
殺生と往生のあいだ 中世仏教と民衆生活——苅米一志
浦島太郎の日本史——三舟隆之
〈ものまね〉の歴史 仏教・笑い・芸能——石井公成
戒名のはなし——藤井正雄
墓と葬送のゆくえ——森 謙二
運 慶 その人と芸術——副島弘道
ほとけを造った人びと 止利仏師から運慶・快慶まで——根立研介
祇園祭 祝祭の京都——川嶋將生
洛中洛外図屏風 つくられた〈京都〉を読み解く——小島道裕
化粧の日本史 美意識の移りかわり——山村博美
乱舞の中世 白拍子・乱拍子・猿楽——沖本幸子
神社の本殿 建築にみる神の空間——三浦正幸
古建築を復元する 過去と現在の架け橋——海野 聡
大工道具の文明史 日本・中国・ヨーロッパの建築技術——渡邉 晶
苗字と名前の歴史——坂田 聡
日本人の姓・苗字・名前 人名に刻まれた歴史——大藤 修
大相撲行司の世界——根間弘海
日本料理の歴史——熊倉功夫
日本の味 醤油の歴史——林 玲子・天野雅敏 編
中世の喫茶文化 儀礼の茶から「茶の湯」へ——橋本素子
香道の文化史——本間洋子
天皇の音楽史 古代・中世の帝王学——豊永聡美
流行歌の誕生 「カチューシャの唄」とその時代——永嶺重敏
話し言葉の日本史——野村剛史
柳宗悦と民藝の現在——松井 健
たたら製鉄の歴史——角田徳幸
金属が語る日本史 銭貨・日本刀・鉄炮——齋藤 努
書物と権力 中世文化の政治学——前田雅之
災害復興の日本史——安田政彦

歴史文化ライブラリー

ものがたる近世琉球 喫煙・園芸・豚飼育の考古学―石井龍太

古代史

邪馬台国の滅亡 大和王権の征服戦争―若井敏明
日本語の誕生 古代の文字と表記―沖森卓也
日本国号の歴史―小林敏男
日本神話を語ろう イザナキ・イザナミの物語―中村修也
六国史以前 日本書紀への道のり―関根 淳
東アジアの日本書紀 歴史書の誕生―遠藤慶太
〈聖徳太子〉の誕生―大山誠一
倭国と渡来人 交錯する「内」と「外」―田中史生
大和の豪族と渡来人 葛城・蘇我氏と大伴・物部氏―加藤謙吉
白村江の真実 新羅王・金春秋の策略―中村修也
よみがえる古代山城 国際戦争と防衛ライン―向井一雄
よみがえる古代の港 古地形を復元する―石村 智
古代豪族と武士の誕生―森 公章
飛鳥の宮と藤原京 よみがえる古代王宮―林部 均
出雲国誕生―大橋泰夫
古代出雲―前田晴人
古代の皇位継承 天武系皇統は実在したか―遠山美都男
古代天皇家の婚姻戦略―荒木敏夫
壬申の乱を読み解く―早川万年
戸籍が語る古代の家族―今津勝紀
地方官人たちの古代史 律令国家を支えた人びと―中村順昭
古代の都はどうつくられたか 中国・日本・朝鮮・渤海―吉田 歓
平城京に暮らす 天平びとの泣き笑い―馬場 基
平城京の住宅事情 貴族はどこに住んだのか―近江俊秀
すべての道は平城京へ 古代国家の〈支配の道〉―市 大樹
都はなぜ移るのか 遷都の古代史―仁藤敦史
聖武天皇が造った都 難波宮・恭仁宮・紫香楽宮―小笠原好彦
天皇側近たちの奈良時代―十川陽一
藤原仲麻呂と道鏡 ゆらぐ奈良朝の政治体制―鷺森浩幸
遣唐使の見た中国―古瀬奈津子
古代の女性官僚 女官の出世・結婚・引退―伊集院葉子
〈謀反〉の古代史 平安朝の政治改革―春名宏昭
平安朝 女性のライフサイクル―服藤早苗
平安貴族の住まい 寝殿造から読み直す日本住宅史―藤田勝也
平安京のニオイ―安田政彦
平安京の災害史 都市の危機と再生―北村優季

歴史文化ライブラリー

歴史文化ライブラリー

地獄を二度も見た天皇 光厳院——飯倉晴武
南朝の真実 忠臣という幻想——亀田俊和
中世の巨大地震——矢田俊文
大飢饉、室町社会を襲う！——清水克行
中世の富と権力 寄進する人びと——湯浅治久
出雲の中世 地域と国家のはざま——佐伯徳哉
中世武士の城——齋藤慎一
戦国の城の一生 つくる・壊す・蘇る——竹井英文
徳川家康と武田氏 信玄・勝頼との十四年戦争——本多隆成
戦国大名毛利家の英才教育 元就・隆元・輝元と妻たち——五條小枝子
戦国大名の兵粮事情——久保健一郎
戦乱の中の情報伝達 使者がつなぐ中世京都と在地——酒井紀美
戦国時代の足利将軍——山田康弘
室町将軍の御台所 日野康子・重子・富子——田端泰子
名前と権力の中世史 室町将軍の朝廷戦略——水野智之
摂関家の中世 藤原道長から豊臣秀吉まで——樋口健太郎
戦国貴族の生き残り戦略——岡野友彦
鉄砲と戦国合戦——宇田川武久
検証 長篠合戦——平山 優
織田信長と戦国の村 天下統一のための近江支配——深谷幸治
検証 本能寺の変——谷口克広
明智光秀の生涯——諏訪勝則
加藤清正 朝鮮侵略の実像——北島万次
落日の豊臣政権 秀吉の憂鬱、不穏な京都——河内将芳
豊臣秀頼——福田千鶴
イエズス会がみた「日本国王」 天皇・将軍・信長・秀吉——松本和也
海賊たちの中世——金谷匡人
アジアのなかの戦国大名 西国の群雄と経営戦略——鹿毛敏夫
琉球王国と戦国大名 島津侵入までの半世紀——黒嶋 敏
天下統一とシルバーラッシュ 銀と戦国の流通革命——本多博之

近世史

細川忠利 ポスト戦国世代の国づくり——稲葉継陽
家老の忠義 大名細川家存続の秘訣——林 千寿
江戸の政権交代と武家屋敷——岩本 馨
江戸の町奉行——南 和男
大名行列を解剖する 江戸の人材派遣——根岸茂夫
江戸大名の本家と分家——野口朋隆
〈甲賀忍者〉の実像——藤田和敏

歴史文化ライブラリー

江戸の武家名鑑 武鑑と出版競争――藤實久美子
江戸の出版統制 弾圧に翻弄された戯作者たち――佐藤至子
武士という身分 城下町萩の大名家臣団――森下　徹
旗本・御家人の就職事情――山本英貴
武士の奉公 本音と建前 江戸時代の出世と処世術――高野信治
宮中のシェフ、鶴をさばく 江戸時代の朝廷と庖丁道――西村慎太郎
犬と鷹の江戸時代 〈犬公方〉綱吉と〈鷹将軍〉吉宗――根崎光男
紀州藩主 徳川吉宗 明君伝説・宝永地震・隠密御用――藤本清二郎
近世の巨大地震――矢田俊文
死者のはたらきと江戸時代 遺訓・家訓・辞世――深谷克己
闘いを記憶する百姓たち 江戸時代の裁判学習帳――八鍬友広
江戸時代の瀬戸内海交通――倉地克直
江戸のパスポート 旅の不安はどう解消されたか――柴田　純
江戸の捨て子たち その肖像――沢山美果子
江戸の乳と子ども いのちをつなぐ――沢山美果子
江戸時代の医師修業 学問・学統・遊学――海原　亮
江戸幕府の日本地図 国絵図・城絵図・日本図――川村博忠
踏絵を踏んだキリシタン――安高啓明
墓石が語る江戸時代 大名・庶民の墓事情――関根達人
石に刻まれた江戸時代 無縁・遊女・北前船――関根達人
近世の仏教 華ひらく思想と文化――末木文美士
松陰の本棚 幕末志士たちの読書ネットワーク――桐原健真
龍馬暗殺――桐野作人
日本の開国と多摩 生糸・農兵・武州一揆――藤田　覚
幕末の世直し 万人の戦争状態――須田　努
幕末の海軍 明治維新への航跡――神谷大介
海辺を行き交うお触れ書き 浦触の語る徳川情報網――水本邦彦
江戸の海外情報ネットワーク――岩下哲典

近・現代史

江戸無血開城 本当の功労者は誰か?――岩下哲典
五稜郭の戦い 蝦夷地の終焉――菊池勇夫
水戸学と明治維新――吉田俊純
大久保利通と明治維新――佐々木　克
刀の明治維新 「帯刀」は武士の特権か?――尾脇秀和
維新政府の密偵たち 御庭番と警察のあいだ――大日方純夫
京都に残った公家たち 華族の近代――刑部芳則
文明開化 失われた風俗――百瀬　響
西南戦争 戦争の大義と動員される民衆――猪飼隆明

歴史文化ライブラリー

- 大久保利通と東アジア 国家構想と外交戦略—勝田政治
- 明治の政治家と信仰 クリスチャン民権家の肖像—小川原正道
- 文明開化と差別—今西 一
- 大元帥と皇族軍人 明治編—小田部雄次
- 皇居の近現代史 開かれた皇室像の誕生—河西秀哉
- 日本赤十字社と皇室 博愛か報国か—小菅信子
- 神都物語 伊勢神宮の近現代史—ジョン・ブリーン
- 陸軍参謀 川上操六 日清戦争の作戦指導者—大澤博明
- 日清・日露戦争と写真報道 戦場を駆ける写真師たち—井上祐子
- 公園の誕生—小野良平
- 鉄道忌避伝説の謎 汽車が来た町、来なかった町—青木栄一
- 軍隊を誘致せよ 陸海軍と都市形成—松下孝昭
- お米と食の近代史—大豆生田 稔
- 日本酒の近現代史 酒造地の誕生—鈴木芳行
- 失業と救済の近代史—加瀬和俊
- 近代日本の就職難物語 「高等遊民」になるけれど—町田祐一
- 海外観光旅行の誕生—有山輝雄
- 難民たちの日中戦争 戦火に奪われた日常—芳井研一
- 昭和天皇とスポーツ 〈玉体〉の近代史—坂上康博
- 大元帥と皇族軍人 大正・昭和編—小田部雄次
- 昭和陸軍と政治 「統帥権」というジレンマ—高杉洋平
- 海軍将校たちの太平洋戦争—手嶋泰伸
- 松岡洋右と日米開戦 大衆政治家の功と罪—服部 聡
- 稲の大東亜共栄圏 帝国日本の〈緑の革命〉—藤原辰史
- 地図から消えた島々 幻の日本領と南洋探検家たち—長谷川亮一
- 自由主義は戦争を止められるのか 芦田均・清沢洌・石橋湛山—上田美和
- モダン・ライフと戦争 スクリーンのなかの女性たち—宜野座菜央見
- 軍用機の誕生 日本軍の航空戦略と技術開発—水沢 光
- 首都防空網と〈空都〉多摩—鈴木芳行
- 帝都防衛 戦争・災害・テロ—土田宏成
- 陸軍登戸研究所と謀略戦 科学者たちの戦争—渡辺賢二
- 帝国日本の技術者たち—沢井 実
- 〈いのち〉をめぐる近代史 堕胎から人工妊娠中絶へ—岩田重則
- 強制された健康 日本ファシズム下の生命と身体—藤野 豊
- 戦争とハンセン病—藤野 豊
- 「自由の国」の報道統制 大戦下の日系ジャーナリズム—水野剛也
- 海外戦没者の戦後史 遺骨帰還と慰霊—浜井和史
- 学徒出陣 戦争と青春—蜷川壽惠

歴史文化ライブラリー

特攻隊の〈故郷〉霞ヶ浦・筑波山・北浦・鹿島灘――伊藤純郎
沖縄戦 強制された「集団自決」――林 博史
陸軍中野学校と沖縄戦 知られざる少年兵「護郷隊」――川満 彰
沖縄からの本土爆撃 米軍出撃基地の誕生――林 博史
原爆ドーム 物産陳列館から広島平和記念碑へ――頴原澄子
米軍基地の歴史 世界ネットワークの形成と展開――林 博史
沖縄米軍基地全史――野添文彬
沖縄 占領下を生き抜く 軍用地・通貨・毒ガス――川平成雄
考証 東京裁判 戦争と戦後を読み解く――宇田川幸大
昭和天皇退位論のゆくえ――冨永 望
ふたつの憲法と日本人 戦前・戦後の憲法観――川口暁弘
戦後文学のみた〈高度成長〉――伊藤正直
首都改造 東京の再開発と都市政治――源川真希
鯨を生きる 鯨人の個人史・鯨食の同時代史――赤嶺 淳

各冊一七〇〇円～二〇〇〇円（いずれも税別）
▽残部僅少の書目も掲載してあります。品切の節はご容赦下さい。
▽品切書目の一部について、オンデマンド版の販売も開始しました。
詳しくは出版図書目録、または小社ホームページをご覧下さい。